青少年百科知识文库

科学探索·**文化古迹寻真**

SCIENTIFIC EXPLORATION

司马榆林◎编著

河南人民出版社

图书在版编目（CIP）数据

文化古迹寻真/司马榆林编著. -- 郑州：河南人民出版社，2015.5
（青少年百科知识文库. 科学探索）
ISBN 978-7-215-09423-9

Ⅰ.①文… Ⅱ.①司… Ⅲ.①名胜古迹-世界-青少年读物 Ⅳ.①K917-49

中国版本图书馆CIP数据核字(2015)第096442号

设计制作：崔新颖　王玉峰
图片提供：fotolia

河南人民出版社出版发行
（地址：郑州市经五路66号　邮政编码：450002　电话：65788036）
新华书店经销　　三河市恒彩印务有限公司 印刷
开本　710毫米×1000毫米　　1/16　　印张 9
字数 128千字　　插页　　印数 1-6000册
2015年7月第1版　　　　　2015年7月第1次印刷

定价：29.80元

目录 CONTENTS

Part ❶ 神秘的史前文明

20亿年前的"核反应堆"之谜 >>002

三叶虫化石上的脚印之谜 >>003

巨大的"死人之脸"之谜 >>004

奇特的巨石阵之谜 >>008

南·马特尔遗迹之谜 >>014

Part ❷ 神秘的艺术古迹

古代岩画中的现代人服饰之谜 >>020

远古岩画中的现代科技之谜 >>022

埃及四千年前的飞机模型之谜 >>025

神秘的蒂亚瓦纳科的太阳门 >>028

西班牙阿尔塔米拉岩画之谜 >>031

Part ❸ 古迹探秘

蒂亚瓦纳科和萨克塞瓦曼之谜 >>036

巨大的石头标记之谜 >>041

敦煌莫高窟的历史谜团 >>044

彭水石刻天书之谜 >>047

中国数处岩画之谜 >>049

Part ❹ 探秘古建筑

卡帕多基亚"地下城市网"之谜 >>054

远古巴西神秘的"七城" >>057

印第安人的珍奇石刻 >>062

"云雾中的城市"马丘比丘 >>059

纳玛托岛的石柱之谜 >>064

开封的铁塔与繁塔 >>066

五台山显通寺奇观 >>068

奇险的悬空寺 >>070

保国寺之奇 >>072

武当山金殿完好如初之谜 >>075

慕田峪长城是谁修的 >>077
小雁塔四离三合之谜 >>079
天坛坐西朝东的斋宫 >>081
瀛台与光绪帝 >>083
"龙潜福地"雍和宫 >>085
三山五园之颐和园 >>089

Part 5 探秘古文明

新谜不断的古埃及 >>094
印度河文明的谜团 >>099
孔雀王朝之谜 >>109
希腊文明的高度 >>114
"比萨古船"沉没之谜 >>121
传说中的诺亚方舟在哪里 >>125
"失落的天堂"亚特兰蒂斯之谜 >>130
玛雅人神秘的天文历法 >>134
神奇消失的示巴王国 >>136

Part 1
神秘的史前文明

20 亿年前的"核反应堆"之谜

　　1972 年 9 月 25 日，法国一家工厂在加工从非洲加蓬共和国奥洛克铀矿进口的铀时，意外地发现这些铀已被人用过。曾任美国原子能委员会主席的诺贝尔奖得主格兰·西伯格说，只有同时使用极纯净的水，并且有极精确的裂变条件，铀才能被利用。遗憾的是，地球上从来没有过纯天然的这种纯净水。为此，科学家到矿区考察，惊奇地发现了一个古老的"核反应堆"。经考证，表明奥洛克铀矿成矿于 20 亿年前，成矿不久"核反应堆"就开始运转，估计大约运转了 50 万年，使用过 500 吨铀矿石，但输出功率只有 100 千瓦。是谁，在人类诞生以前设计了如此高科技的产物？

　　几年以后，在瓦什长河岸上发现了一块拳头般大小的闪着白光的石头。经测定，这是一块不含铀的衰变物的合金，其中 67% 为锡，10.9% 为镧，8.7% 为钕，且含微量的铁、镁、铀、钼。石块的存在距今已 10 万年。自然界是没有这样的天然物的，人工合成需要极微细的粉末原料和几十万个大气压的冷压技术，这样的设备和技术，即使在今天，也难以做到。那么，这块合金由谁，又是怎么制造的呢？

三叶虫化石上的脚印之谜

1968年夏,自称是"岩石狂"的梅斯特在犹他州羚羊喷泉度假时,意外地发现了三叶虫的化石。三叶虫是一种节肢动物,生长于距今5亿年的寒武纪和奥陶纪。令他吃惊的是,化石上居然有人的脚印!脚印长10.25英寸,后跟比脚掌深1/8英寸。无独有偶,一位名叫比特的教育家在同一地点也发现了带脚印的三叶虫化石,还是两个穿凉鞋的脚印。

1个半月后,地质学家伯狄克在同一地区又发现了一块5个脚趾隐约可见的泥岩。要知道,5亿年前连与人脚相似的猴子、熊等动物都没有,更不要说人类了!

↑ 三叶虫化石

巨大的"死人之脸"之谜

1971年的一天,当一架从约旦起飞的美国侦察机越过海湾进入巴基斯坦边境1万米以后,机下一望无际的荒漠中突然出现了一张巨大的脸,机长杰克逊以为自己看花了眼,忙招呼副手贝克观看,为了看得更清楚,杰克逊将飞机下降至2千米左右。这时,他们清楚地看到巨大的脸是石头组成的,中间高高凸起,巨大的眼睛似闭非闭,活像一张死人的脸,在它的东部还有一个像布娃娃身躯一样的东西。

半个月之后,得到特许的美国洛杉矶东方博物馆的一支考古队,乘直升机来到距离卡拉奇1000公里的"死人之脸"。从低空中俯瞰,这张"脸"有些失真,而且大得吓人。直升机降落在这张巨脸的边缘。考古队长肖伊特用仪器测定了自己的方位后,留了两名队员在"死人之脸"边缘的迷宫处,随后带着其他人走进了迷宫。迷宫是用烧过的红砖砌就的。这与在其他地方发现的同期文明完全不同。当肖伊特一行沿着迷宫走了30米后,突然肖伊特听到脚下发出了轰轰的鸣响,自己随着响声慢慢地升了起来,再看脚下,地面缓缓抬升了。迷宫中有机关?肖伊特赶紧带领队员沿迷宫道退了出来,由于整个迷宫随着旋转,退到入口时,没有看到留守的两个队员。肖伊特是一个经验丰富的考古学家,曾参加过东方大部分古文明的考察，但今天的情况从未碰到过，一时间他觉得束手无策，只好在距离"死人之脸"2千米处安营扎寨。

48小时之后他们看到"死人之脸"又转回到原来的方向。肖伊特知道，距离这里900公里处的哈拉巴是距今4000年之久的印度河文明的首府。印度河文明是世界上最古老、面积最大和最璀璨的文明，"死人之脸"和印度河文明会不会有什么关联呢？肖伊特于是在"死人之脸"周围进行探察。不久，在其东面发现了大量的巨型建筑遗址，甚至保留了两层楼的复式住宅。这些建筑都是用鲜红的砖块建造的，在阳光的辉映下灿烂而夺目。走进房间之后，里面的布局和陈设更是令人惊叹。复式建筑的一楼一般是起居室，二楼有卧室和像是卫生间一样的房间，里面有一个奇怪的铁杆横靠在墙上，一个队员走过去用手摸了一下，铁杆很沉，好像用什么东西捆绑着，他先左右摇动了一下没动静，当上下摇动时，一个令人瞠目结舌的现象发生了，一股清泉从一面墙上喷出，流到房间的一个角落消失了，肖伊特大脑里立刻闪过一个念头：浴室！这简直不可思议！他不由得仔细观察起这间屋子来。房间高3.5米，墙壁上贴满了一层"瓷瓦"，他用手抠了一下，没能把"瓷瓦"抠下来。他又从室内楼梯走到起居室，这里的砖墙表面有明显的拉毛，但这种拉毛并不是风化的结果而是人工拉毛。按照现代建筑理论，使墙壁粗糙是为了让房间吸音和冬暖夏凉。在房间外面，肖伊特找到了带有网眼的下水道。啊！这里应当是20世纪20年代的伦敦！

当天晚上，他与洛杉矶总部取得联系。几天后，一批高科技仪器运到了"死人之脸"。肖伊特和同伴们对整个遗址进行同位素、放射性、磁场和天文对照考察。不久，他们确知遗址始建于公元前6000年以前，即距今8000年，比印度河文明早了近4000年。这使肖伊特大吃一惊，

8000年，人类还处于原始社会，是谁创造了如此高度的文明？

到了1975年，来自世界各地的考古学家已经基本掌握了这个远古城市的一些状况：这个如同死人之脸一般的城市，占地面积达数百平方公里。东部的市区街道走向以东西向为主，南北向为辅，颇似今天中国上海的街道布局。住宅院落和"会馆"错落有致。被人们戏称为"会馆"的建筑有点像今天的会议室，功用暂不明了。从四面的环境看，当年这里曾遍布绿洲，有丰沛的泉水，加上近乎于当代的先进文明，使这个地区成为想象中的神话境地、人间天堂。

1980年，在联合国教科文组织的资助下，大规模的发掘开始了。在"死人之脸"城区一侧地下，人们发现了深达10米多的地下管道系统。还有圆桶状的，用石块砌成的饮用水井，在水井里有一根根的铸铁管子。据推测地面住宅浴室中的水就是从这里加压提上去的。地下管道纵横直径达5米多，不像是隧道而像是下水道，这样复杂的下水道最早出现于20世纪初的英国。地面街角的拐弯处有2米高、1米见方的"小房子"，从它的出口和进口看，颇似今天广泛使用的垃圾收集屋。这迷宫，实际上是一个高度现代化的城市，而且实实在在是始建于8000年前的城市，而且中间没有近代重建史。于是，所有的考古学家都有一个心愿：找到文字，找到遗骸。

考古学家穿过密密麻麻的管道之后，来到一个地下断井前，经计算，这里相当于地面上会旋转的"脸"部中央，这个"井"是不是为旋转而设计的？有人伏在井边上听，能听到哗哗哗的流水声，但扔下去的石头根本就听不到落水的声音。深井距离对面的筒状建筑大约有4～5米，由于没有设施，他们决定返回，就在这时，随着一声巨响，一阵恶臭冲了上来，筒形建筑开始螺旋式缓慢上升，这种近乎天方夜谭神话似的境界令众人目瞪口呆，也感到恐怖至极。

通过观察，人们发现"死人之脸"每月升降一次，开始时间大约是下弦月的最末一天，这是月亮对地球引力最大的时间。难道这个机关借用了月亮的引力？用引力启动如此巨大的机关，就是现代人也难以做到，石器时代的8000年前怎么可能呢？每月以南北方向或东西方向为基准旋转升降一次，并且利用了月亮引力，这个建筑有着强烈的天文意义，是一种崇拜？还是一个仪器？考古学家更倾向于后者，可能是一个相对于天空的巨大的方向仪。但是，要想越过地下深不可测的深井，或者把"死人之脸"表面的石块取掉，都可能使这个旷世奇谜遭到毁坏。经过数度商议，考古学家决定暂时放弃破坏性探察。

考古学家由地面的迷宫道进入中心后，发现这里实际上是一层比一层高的"房间"。在中心区的"房间"里，四壁都有一种文字，这种文字远看很像阿拉伯数字，近看更接近俄文字母，无疑是一种数据，而不是想告知什么。

在东部街区，人们发现了"万人坑"，坑中的骨骸乱七八糟。人种鉴定介于白种和棕种之间，身高超过今天白种人的平均值，从骨骸病理学方面鉴定，这些人死于砍杀。仅从人种看，这是今天所没有的人种。这样一个高度文明的社会是什么人破坏的呢？是来自内部的权力争斗还是来自外部的侵扰？不得而知。

奇特的巨石阵之谜

在英国古老而广漠的平原上,矗立着许多奇特的巨石建筑,它们默默地在风雨中经过了几千年,注视着人间的沧桑。这就是令人百思不解的古代巨石阵遗址。这些雄伟壮丽的神秘巨石阵吸引了来自世界各地的旅游观光者和众多为之困惑的考古学家、历史学家、建筑学家和天文学家。

著名的巨石阵遗址位于英格兰南部沙利斯伯里。石阵的主体是由一根根巨大的石柱排列成几个完整的同心圆。石阵的外围是直径约90米的环形土岗和沟。沟是在天然的石灰土壤里挖出来的,挖出的土正好作为土岗的材料。紧靠土岗的内侧由56个等距离的坑构成又一个圆,坑用灰土填满,里面还夹杂着人类的骨灰。这些坑是由17世纪巨石阵的考察者约翰·奥布里发现的,因此现在通常称之为"奥布里坑群"。坑群内圈竖着两排蓝沙岩石柱,现已残缺不全,有的只留下原来的痕迹。巨石阵最壮观的部分是石阵中心的砂岩圈。它的30根石柱上架着横梁,彼此之间用棒头、榫根相连,形成一个封闭的圆圈。这些石柱高4米、宽2米、厚1米,重达25吨。砂岩圈的内部是5组砂岩三石塔,排列成马蹄形,也称为拱门,两根巨大的石柱,每根重达50吨,另一根约

10吨重的横梁嵌合在石柱顶上。这个巨石排列成的马蹄形位于整个巨石阵的中心线上,马蹄形的开口正对着仲夏日出的方向。巨石圈的东北侧有一条通道,在通道的中轴线上竖立着一块完整的砂岩巨石,高4.9米,重约35吨,被称为锤石。每年冬至和夏至从巨石阵的中心远望锤石,日出隐没在锤石的背后,增添了巨石阵的神秘色彩。

根据科学家实地考证,巨石阵最早是建于新石器时代后期,约公元前2800年,那时已建成了巨石阵的雏形——圆沟、土岗、巨大的锤石和"奥布里坑群"。约公元前2000年开始是巨石阵建筑的第二阶段,整个巨石阵基本形成。这个阶段的主要建筑是蓝沙岩石柱群和长长的通道。巨石阵的第三期建筑最为重要,约在公元前1500年,这时建成了沙石圆和拱门,巨石阵已全部完工。这就是我们现在看到雄伟壮丽的巨石阵遗址

↑ 英国巨石阵

的全貌。需要指出的是，整个巨石阵的工程需要150万个工人，而整个建筑过程中，始终没有用轮载工具和牲畜的痕迹。

从现在看来，巨石阵的建筑规模和工程难度对于早期人类来说，简直是不可思议的。它的建成比埃及最古老的金字塔还要早700年，然而究竟是谁建造了这雄伟的巨石阵，现在仍然众说纷纭。有人认为是当地早期居民凯尔特人建造的墓穴，也有人认为是古罗马人为天神西拉建造的圣殿，还有人认为是丹麦人建造用来举行典礼的地方，然而这些虚无缥缈的想象都没有确凿的证据。

无数学者经年累月地找寻着巨石阵的建造者。学者们慨叹巨石阵与埃及金字塔一样的神秘莫测，有人提出巨石阵的建筑石料均是160多公里外的地方运输而来，开采、运输、安放如此巨大的石块，除了具备高超的技术巨匠谁也不能，于是他们认为巨石阵与金字塔出于同一位巨匠之手。

学者们甚至使用了当前最先进的仪器设备，考察巨石阵的奥秘，奇怪的是，他们发现巨石阵竟能发出超声波！古人在刀耕火种的时代怎么会知道超声波呢？

学者们的考察研究又掉入了迷洞。无奈，他们只能把巨石阵的建筑光荣给予了地球外的生物——外星人。

巨石阵真是外星人建造的吗？没有证据否认，也无证据肯定。

学者们除了苦恼于无法断定巨石阵的承建者是谁外，对巨石阵的用途也各说不一。

有学者认为巨石阵是远古时代的天文观测仪器。

持这种观点的当然是一些天文学者。的确，巨石阵的神秘色彩与天文学有异乎寻常的联系。早在200年前，就有人注意到巨石阵的主轴线指向夏至时日出的方位,而冬至的落日又在东西拱门的连线上。1965年,波士顿大学的天文学家霍金斯通过计算机测定,巨石阵的排列可能与太阳与月亮在天空运行的位置有关,而56个奥布里坑群则能准确地预报日食、月食。在他的《巨石阵解谜》一书中说道:"实际上,奥布里坑群组成的圆环可能曾被用来推测许多天体的运行情况。"他还推断祭司们是通过转动坑群标记来跟踪日月运行进行推算。这种天文学观点曾轰动一时,得到不少人的支持,但是巨石阵究竟是否真的是天文观测仪还有争议。巨石文化专家阿特金森指出:当时蒙昧落后,没有任何先进计算工具的史前人类是不可能建造如此精密的天文仪。英国天文学家霍伊耳也提出异议:作为天文观测仪的材料为何一定要用难以开采的大砂岩而不是轻便的木材和泥土?这样不是要耗用大量的劳力吗?而且奥布里坑群中的人类遗骨也很难与天文学联系起来。再者说,如果是高度发达的史前文明的结晶,为什么又消失了呢?这样人们又回到了宗教这个传统观点上去,甚至有人把巨石阵与外星人联系起来。

也有学者认为巨石阵是原始人狩猎的特殊装置。

由于巨石阵的全部建筑时间都属于新石器时代,一些专家认为,巨石阵是猎取大型野兽的机关。他们认为由于当时的工具和武器都很原始,为了猎取较大的野兽,如猛犸、熊、河马、犀牛等,又不使自己受到伤害,人们就想出了这种办法。专家们认为,今天人们只看到巨石阵的残迹,当初它一定还有一些由木头、骨头和兽皮等制作的构件,由于年代久远早已不复存在。另外,残迹旁还有许多多余的石头,看来也有一定用处。由此他们的结论是,巨石阵很可能是一种狩猎、生活多种用途的设施。复原后的结构可能是这样的:

巨石柱围着的是一个院子,在两根石柱之间留有洞口,其大小可以通过较大的野兽。在每个洞口的上方，有一块用木棍支撑的数十千克重的大石头——"警戒石"。当猛兽从外面碰倒支撑木棍时，石头立即砸下来，打在野兽身上，同时发出警戒信号。

院子内侧，紧对洞口的地方还安放了第二道防线，即一块巨大的"打击石"。当野兽闯过第一道防线时，站立棚顶的人，便牵动操纵绳，使打击石劈头盖脸地砸下去。

院内的中央还建了一座二层小楼，是由圆木和一些巨石柱围建而成的，楼板铺在巨石柱的上面。为了便于监视大院及其周围，从楼板到第一圈石柱有木桥相连。

当然，这种狩猎设施并非守株待兔地等待野兽来临，一般是在其中放置一些引诱物，如利用野兽幼崽作诱饵。为此，可以把捉来的幼兽拴

在小院内两块巨石之间，让它头向着石缝，并不断地叫唤。兽群在听到幼崽的叫唤声后，会立即包围院子，并不顾一切拼命冲入院内。如果野兽未被砸死，楼上的猎人则投掷石块，把被困的野兽置于死地。

击中野兽后，院内的人一方面把猎物拖进小楼的二层进行加工——剥皮、取出内脏、把肉分成小块。兽皮和肉等有用的东西放在楼上晾干、贮藏起来，而其他无用之物则扔到楼下作为诱饵，以引诱野兽进入圈套。每次狩猎后，他们又将迅速地把警戒石、打击石等恢复原状，以迎接下一次狩猎。

更多的学者却说巨石阵纯粹就是古人举起祭礼的宗教场所。

最早记载有巨石阵的《中世纪编年史》一书中，描绘是亚瑟王的谋臣梅林用魔法把巨石阵从爱尔兰移到英格兰做墓地。学者们把巨石阵的石桌视为石棺，把高大直立的石条视为重大事件和人物的纪念碑。同时在空中俯瞰巨石阵时，能清晰地看出巨石阵是极有秩序地排列成了蜥蜴、鹰等动物的图案，谁又敢否认这些动物不是当时古人们心中的图腾？

更有学者干脆把巨石阵视为一种文化，一种古人对巨石的崇仰与尊重。古人崇尚巨石般的坚毅威猛，向往巨石般的牢固与结实，是古人对心中理想的完美垒砌。

几百年来，人们陷入了对巨石阵不断的苦苦探索之中。但始终众说纷纭，无法有一权威的推断。

← 英国巨石阵近景

南·马特尔遗迹之谜

南太平洋波纳佩岛的东南侧有一个名叫泰蒙的小岛,在这个岛延伸出去的珊瑚礁浅滩上矗立着一座座用巨大的玄武岩石柱纵横交错垒起的高达4米多的建筑物,远远望去怪石嶙峋,还以为是大自然鬼斧神工留下的杰作,近看又仿佛像是一座座神庙,这就是南·马特尔遗迹。传说这是居住在波纳佩岛上历代酋长死后的坟墓,大大小小共有89座,散布在长1100米、宽450米的太平洋海域上,它们之间环水相隔,形成了一个个小岛。从高空俯瞰,犹如意大利的水城威尼斯。故而人们又把它比喻为太平洋上的威尼斯。当地人把这些巨大的石造遗迹叫做南·马特尔,按波纳佩语有两个意思,一个意思是"集中着众多的家",另一个意思是"环绕群岛的宇宙"。这些遗迹一半浸在海水之中,为此,人们只有在涨潮时才能驾着小船进入,退潮时,遗迹周围露出了一片泥泞的沼泽地,小船只能靠在附近,根本进不去。与同在太平洋上的复活节岛上的石像遗迹相比,南·马特尔遗迹鲜为人知,它那充满了离奇的传说,更使它蒙上了一层神秘的色彩,令人困惑不解。

有关埃及古代陵墓,最令人毛骨悚然的莫过于"法老的毒咒"了。无独有偶,在南太平洋波纳佩岛的南·马特尔遗迹也发生了类似的怪事。

据当地人说,这些古墓的来历,从无文字记载,完全是靠口授,从酋长的世系中一代一代地传下来,只有酋长和酋长的继承人才知道,而且口授的内容禁忌向外人泄漏,否则就将遭到诅咒,死神将降到他们的上。

在日本占领期间,东大教授杉浦健一利用占领者的权势,强迫酋长说出古墓的秘密。几天以后,酋长遭雷击身亡。那位杉浦教授回到日本后,正打算将记录的古墓秘密整理成书出版。还没等书写成就突然暴死。后来杉浦家族委托一位对印加人有研究的泉靖一教授继续整理出版,奇怪是,泉教授不久也突然暴死,从此再也没人敢去完成死者的这一遗愿。

类似的怪事,早在1907年在德国统治南洋群岛时也发生过。据说波纳佩岛第二任总督伯格对南·马特尔遗迹发生了兴趣,根据酋长的口授对伊索克莱凯尔酋长的墓进行发掘,可是下令还不到一天,就应验了不吉的预言,总督突然暴死。19世纪德国考古学家卡伯纳两次来波纳佩群岛发掘文物,结果同样遭到了极悲惨的下场。

这里变化无常的气候,也使人惊恐不安。20世纪70年代,日本海洋生物学家白井祥平曾来此调查。事后他回忆说:"在阳光灿烂的一天下午,我们一行三人驾着机动船来到了一个当地人叫做'南·杜瓦斯'的小岛,只见眼前矗立着一座用玄武岩石柱垒起的犹似神庙的建筑物,石墙分内外两层。正当我们从外侧绕到内侧时,突然周围阴沉下来,我抬头仰望了一下天空,刚才晴朗的蓝天已消失.自己头顶上笼罩着一块不知从哪里冒出来的黑云。并且很快向四周延伸,接着电光闪闪。雷声隆隆.瓢泼大雨劈头盖脸地浇下来,我被这突然变幻的天气惊呆了。直到同行的人大声呼唤,我才从沉思中惊醒,发觉自己还傻呆呆地淋在雨中,大约过了5分钟,骤雨过去了,天空又立刻放晴。傍晚,我向哈特莱酋长谈起午后在墓地的惊遇,他不禁放声大笑,连连说:'这儿连一滴雨都没落下。'"

上面所说的几个例子,莫名其妙的暴死、变幻莫测的天气,更使南·马特尔遗迹笼罩着一种神秘的色彩。

近年来,不少欧美学者来此调查,大家都对这项宏伟工程是用人力完成表示怀疑。据调查,整个建筑用了大约100万根玄武岩石柱,系从该岛北岸的采石场开凿,加工成石柱后用筏子运到这里。专家们估计,如果每天有1000名壮劳力从事开凿,那么光是采石需要655年,加之,还要用人力加工成五角形或六角形棱柱需要二三百年,最终要完成这项建筑的话,需要1550年的时间。

现在,波特佩岛上有人口2.5万人,而南·马特尔遗迹建造的古代,人口还不到现在的1/10。据此,1000名壮劳力的人数差不多是动员了全岛所有的劳动力,何况,为了确保生存,还得抽调一部分人去从事农业劳动,因此专家们设想这项工程很难是凭借人力完成的。

有的考古学者认为玄武岩是岩浆冷却的火成岩,试图将建造遗迹用的五角、六角形石柱解释成是冷却凝固成型的。但是,从实际石柱的表面来看,很难解释成是自然成型的。

另一方面,美国的一调查小组曾用碳14对遗迹进行了年代测定。结果表明南·马特尔遗迹是在距今近800年前,即公元1200年左右建造的。公元13世纪初是萨乌鲁鲁王朝统治波纳佩岛时期,所以调查组设想环绕波纳佩岛的南·马特尔遗迹也许是作为该王朝的要塞修建的。萨乌鲁鲁王朝创造于公元11世纪,在经历了200多年的繁荣时期后灭亡了。因此,在这样短的时间内就完成南·马特尔建筑,怎么也不能使人相信。南·马特尔建筑也就成了一个未解之谜。

有不少学者对南·马特尔建筑遗迹之谜早就开始着手研究,提出了众多的假说。1869年，驻印度的英国军官詹姆斯·拉奇伍德从一位高僧珍藏多年而从未向外人显露的几个泥塑板上破译出其中的记载：远古的太平洋上存在着辽阔的第六大陆，它包括东到夏威夷群岛，西到马利亚纳群岛．南到波纳佩群岛和库克群岛的广大区域，是人类最早的发祥地之一，距今约5万年前，繁荣一时，在1.2万年前因大地震而沉陷海底。拉奇伍德经多年考察认为．现今南太太洋上的无数岛屿是第六大陆的残骸，而南·马特尔遗迹就是泥塑板上记载的第六大陆文化中心的七城市之一——罕拉尼普拉。

长年从事波纳佩岛与第六大陆关系研究的詹宁不同意拉奇伍德的说法，认为第六大陆的真正文化中心是在现今夏威夷岛东北五六公里的地方。但他十分称道拉奇伍德破译泥塑板上所记载的内容的价值。他认为，泥塑板所记载的是2万年前古印度的历史，文中记述了当时已有像今天的飞机那样能在空中飞行的机械，与古印度梵语叙事诗"摩诃波罗多"中的记载相似，也可解释南·马特尔岛上流传的巨石建筑是外来的阿迪儿法伊兄弟用咒语驱动巨石飞来的神话。他认为第六大陆的文明科学与今天的科学不同，有控制重力的能力，今天印度瑜伽行者能使身体飘浮在空中的能力也包括在第六大陆文明之列。

尽管假说众多，但也矛盾重重，疑点密布，可信度不高。研究发掘者暴死之真正原因是什么？第六大陆是否真正存在过？在南·马特尔的建造年代上哪家之说较为可信？这一切都有待进一步揭开！

Part 2

神秘的艺术古迹

古代岩画中的现代人服饰之谜

1912年,有人在非洲西南的纳米比亚的布兰德比尔格山上,在描绘动物的原始壁画中,发现了一幅描绘白人贵妇的岩画。贵妇身穿短袖套衫和紧绷臀部的马裤,戴着手套,系着吊袜带,着便鞋。她身边站着的一位男子,戴着非常复杂的面具和头盔。在被考古学家确定为真品的法国卢萨克史前壁画中,人物穿着夹克衫。澳大利亚阿纳姆高地岩画的人物,甚至穿着宇宙服,戴着装有类似天线,有观察小孔的头盔,宇宙服上有明显的拉链。泰国南部攀牙府的岩画上出现了头戴头盔,身背呼吸过滤器,腰系电筒,着背带裤的机器人。凡此种种,人们不禁要问:是古代人受着人类先民在天之灵的启示,缝制了这样的衣饰,还是某种神奇的力量使我们的祖先跨越时空,在赤身裸体的荒蛮时代,充分想象了几千年上万年以后子孙的服饰呢?

林林总总的令人迷惑不解的史前遗迹,对认为人类文明是一个从低级向高级逐渐向前、向上发展和进化的传统观点来说,无疑是一个严峻的挑战。1977年,雷内·诺尔伯根指出,面对我们无法解释的诸多遗址、遗物,我们应该以一种全新的方式来探索人类的文明史了。

1998年,有学者根据考古学家和人类学家关于人类直立行走的研究,

文化古迹寻真

↑ 布兰德比尔格山上的岩画

确定现今人类形成于 400 万年前，而地球诞生于 45 亿年以前。世界万物都是从无到有，从有到无，生生灭灭，地球上的高等物种及其智慧很可能也是从无到有，从有到无，生生灭灭的。据测算，大约 20 亿年前，地球上存在过高度文明的生物，由于地球大灾变以及亿万年的自然变迁，使这些文明成为残存物。也有古生物学家推论：地球大约在 5 亿年前、3.5 亿年前、2.3 亿年前、1.8 亿年前以及最后在 6500 万年前，经历了毁灭性大灾变，使当时创造的文明毁灭殆尽。每次灾变后文明总会出现断裂。在延续至今的这次文明和上一次文明之间的断层大约发生在公元前 12000 年至公元前 10000 年。

与是否存在星外文明一样，是否存在地球的几度文明也是迄今为止的考古手段和技术无法确证的，为此，研究者之间展开旷日持久的论战亦可想而知。我们期望，随着科学技术的发展，考古的手段和技术能有突破性发展，地球上是否存在几度文明的悬案终有一天大白于天下。

远古岩画中的现代科技之谜

20世纪60年代初,中国考古人员在新疆的一座古老的山洞里发现了一批古代岩画,经科学测定,这是数万年前的作品。其中,有一组世界上最早的月相图,由新月、上弦月、满月、下弦月、残月等连续画面构成。

令考古人员震惊的是,满月图上居然会画出辐射线的细节。

在满月图中,在球体的月南极处的左下方,刻画有7条呈辐射状的细纹线。月图作者竟极鲜明、准确地表现了月球上大环形山中心辐射出的巨大辐射纹。

这与我们现在使用天文望远镜,才能观察到的月球表面成辐射状的大环形山非常相似。

该怎样解释呢?

数万年前以钻木取火、结绳记事的原始人是如何会知道月面地貌的呢?莫非这数万年前的月相图并非原始人所刻绘?那么,这古老月相图的主人又来自何方呢?

如果说新疆山洞里的穴居人确实留下了他们创作的难以解释的原始作品,那么在世界上这样的史前岩画就并非罕见了,尽管从内容上看同样难以解释。

在法国的卢萨克堡，人们发掘出了一组画在水平石板上的壁画，画中人物竟穿戴长袍、靴子、腰带、外套及帽子，留着修剪过的长胡须——完全是一派20世纪人才有的装束。考古学家的论证更是令人目瞪口呆，这组画确实是原始时代的真品。实在无法想象，赤身裸体、毫无服饰意识的穴居人会在石壁上画得出20世纪的人物。

类似的岩画在南非的布兰德堡也有发现。画面上一个白人，身穿短袖上衣和紧身马裤，戴手套，结袜带，穿便鞋；左手端着酒杯，右手拿着弓箭，看来好像是在庆贺比赛凯旋。该壁画诞生于史前时期，可又怎能令人相信这会是属于史前人类的创作呢？

是否当真有史前来客作为文明的使者降临过地球、并在原始人眼前露面呢？

无独有偶。法国学者安利·罗特曾在撒哈拉沙漠中的塔西里高地，发现一批已有近万年历史的岩画，上面画着数以千计的动物和人，其中一些人穿有短上衣，手持棍棒，上挂无从名状的箱子。最引人注目的一幅画，画有一尊身高超过5米的人像，他的服装酷似现代的潜水服或宇航服。在他坚实有力的双肩上放着一个密封的头盔，用某种接头与躯体相连，颈部是呈水平皱纹的密封衣领。头盔上靠近双眼的部位留有许多孔道。

这种岩画难道会是古代人类想象的产物么？而绘有这类颇似宇航员形象的岩画，已分别在美国的加利福尼亚、伊朗的西雅尔克、意大利的布列西亚、墨西哥的帕伦克等地相继发现。

其中，意大利的布列西亚史前岩画上画有两个人物，他们都穿着鼓鼓囊囊的套服，头上戴着奇怪的密封盔，盔上还伸出天线似的短角，手里拿着不知名的工具。至于墨西哥的帕伦克岩画,则是在当地一座金字塔中深藏的石棺盖上发现的。它虽非史前作品,但却被研究专家称为"典型的史前宇航图"。画中人物很像是在驾驶着正在飞驰着的火箭。

图中刻画出的飞行物前身尖,稍后是几个形状奇特的凹口,很像是舱门或通风口,再往后逐渐变宽,尾部是一股喷出的火舌。它前端处有开口,纳入空气,空气经由管道送入尾部。画中的玛雅人上身前倾,手中握着操纵杆状的东西,左脚跟踩在一块踏板上,他正全神贯注地注视着眼前的仪表。显然"火箭"处于向前飞行状态。

这位操纵员的头盔装置复杂,有透气口、有管子,还有天线般的东西。他的衣着恰到好处,一套紧身连衣裤,腰间束着宽皮带,手臂和腿部紧束着绑带。他的前座与运载器的后部隔开,在运载器内可以看到各种对称的方、圆、点和螺旋线。

在这幅现代人们看来极度超越了时代的古代作品中,究竟隐藏着怎样的信息呢?或者说,它想要告诉后世哪些秘密呢?玛雅人的祖先是否曾接待过神秘的"天外来客"呢?

在苏联,考古学家们发现了一幅画有奇特飞船的史前岩画,画中飞船由一排10个紧挨着的球体组成,这些球体置于一直角柜内,两边顶有大柱子。这难道是史前"天外来客"的星际飞船么?但这种飞船的古怪构造却是无法让当今科学家所理解的。究竟是原始人见过这种飞船,还是天外使者有意留下了飞船图形呢?

埃及四千年前的飞机模型之谜

距今四千年前的古埃及人，一直是考古学家的研究对象。这个文明古国至今仍有不少未能解开的谜团。大家都知道，直到1903年地球上的人类才制造了第一架飞机。可奇怪的是，考古学家们却在埃及发现了四千年前的飞机模型以及浮雕上的飞机图案。难道四千年前的古埃及人就看见过或者发明过飞机？

早在1898年，就有人在埃及一座四千多年前的古墓里发现了一个与现代飞机极为相似的模型。这个模型是用当时古埃及盛产的小无花果树木制成的，重量为31.5克。因为当时的人们还没有飞机这个概念，所以就把它称之为"木鸟模型"。这个模型现在还摆放在开罗的古物博物馆，编号为"物种登记"第6347号，放在第22室。博物馆内还珍藏了许多其他类似的模型，但很少有人能获取接近这些模型的权力。

直到1969年，考古学家卡里尔·米沙博士终于获得特许，进入这个博物馆藏有"木鸟模型"的古代遗物仓库。在这里，米沙博士看到了许多像飞鸟一样的模型。这些飞鸟模型有个共同特点，就是都有鸟足，整体形状半人半鸟。而这个"木鸟模型"除了头有些像鸟外，其他部分都跟现在的单翼飞机差不多，它也有一对平展开来的翅膀，一个平卧的机体,尾部还有垂直的尾翼,下面还有脱落的水平尾翼的痕迹。

为了弄清这架飞机模型的本来面目,米沙博士便建议埃及文化部组成特别委员会进行专门调查研究。1971年12月,由考古学家、航空史学家、空气动力学家和飞行员组成的委员会开始了对这架飞机模型的测量研究。经鉴定,许多专家认为,它具有现代飞机的基本特点和性能:机身长5.6英寸,两翼是直的,跨度7.2英寸,嘴尖长1.3英寸,机尾像鱼翅一样垂直,尾翼上有像现代飞机尾部平衡器的装置。尾翼除外形符合空气动力要求外,还有反上反角的特点,使机身有巨大的上升力。机内各部件的比例也很精确。只要稍加推动,还能飞行相当一段距离。所以,一些专家们断定,这绝不是古埃及工匠给国王制造的玩具,而是经过反复计算和实验的最后成品。后来在埃及其他一些地方,人们又陆续找到了14架这类飞机模型。看来古埃及人对飞机并不是很陌生。西方有些人认为:几千年前的人根本不可能制造出飞机,这些飞机模型,都是外星人在地球上留下的制品。此外,在古埃及浮雕之上,考古学家发现有先进的飞机图案出现。

1979年,英籍考古学家韦斯在埃及东北部一个荒芜沙漠中,发现一所古庙遗址,起初他只是视之为废弃庙宇。不过,当韦斯细看庙宇的壁画时,却在其中一处浮雕壁画中,发现一个奇怪现象,就是看见与现今飞机形状极其相同的浮雕,以及一系列类似的飞行物体。这些不规则图案,可能是当地人记载见闻的方法。浮雕上除了飞机样子的图案外,还有一些不明飞行物体的图案,很像被现代人冠以UFO的飞碟。

↑ 埃及四千年前的浮雕图案

在这个庙宇发现的浮雕中，有至少三至四个飞行物，与今日的飞机形状极为相同，飞机在19世纪才开发，但竟然在4000年前的古埃及的壁画中出现，科学家至今对此都摸不着头脑。

虽然科学家历来对古埃及文明的研究都不遗余力，但所知依然有限。在世界历史中，不少远古民族在发展语言和文字之初，均以壁画记载历史或表达某些经文。出现在庙宇中的浮雕，也可能不过是古埃及人用以记载某一件事或表达某一种意思而已。

令人惊奇的是，在南美洲的一些地方，考古学家也发现了一些与古埃及飞机模型极为相似的古老的飞机模型。在南美的一个国家的地下约780英尺深的地方，考古学家挖出了一个用黄金铸造的古代飞机模型，跟现代的B52型轰炸机十分相像。据科学家们分析，这架飞机的模型不但设计精巧，而且具有飞行性能。美国纽约研究所的专家们在为这架古代飞机模型作过风洞试验后，绘制了一张技术图纸，这些图纸把古代飞机模型的概貌描绘了出来。1954年，哥伦比亚共和国在美国的博物馆展出过古代金质飞机的模型。后来在南美其他国家也陆续发现过这类飞机模型。

古埃及与南美之间的飞机模型之间有什么内在联系吗？是埃及人驾机曾经飞到过南美洲吗？既然四千年前的人已经发明了飞机，可为什么直到1903年才有了世界上的第一架飞机呢？古代人是凭借什么手段制造了飞机的呢？难道真的是外星人的作为吗？

很难断定4000年前的古埃及人有否看过直升机、潜艇或其他飞行物体。研究外星人的学者一直相信，远古的高度文明是由外星人传来的。在亚特兰蒂斯文明与玛雅文明等，都有类似的传言。古埃及人是否曾经接触过外星人？逝去的历史我们无法确知。但是古埃及是个非常注重历史与教育的民族，如果他们真的接触过外星文明，我们也不可能找不到任何相关资料的记载。

神秘的蒂亚瓦纳科的太阳门

在世界上最高的淡水湖——的的喀喀湖东南 21 公里,海拔 4000 米高的层峦叠嶂的安第斯高原上,有一座前印加时期的蒂亚瓦纳科文化遗址。自 1548 年西班牙殖民主义者发现了这个被印加人称作蒂亚瓦纳科的小村落,并向外界报道后,以精美的石造建筑为特征的蒂亚瓦纳科文化就此著称于世。自那以后,围绕这个遗址是什么时代建造的、由何人建造的、究竟是什么等等问题,整整讨论了 4 个多世纪。

这是一个星散在长 1000 米、宽 400 米的台地上的大遗迹群,地处太平洋沿海通往内地的重要通道上,遗址被一条大道"劈"为两半,大道一边是占地 210 平方米,高 15 米的阶层式的阿加巴那金字塔,另一边是由长 118 米、宽 112 米的台面组成的卡拉萨萨亚建筑。该建筑至今仍完好无损,四周围以坚固的石墙,里面有阶梯通向地下内院,西北角就坐落着美洲古代最卓越、最著名的古迹之一——太阳门。它被视作蒂亚瓦纳科文化最杰出的象征。

蒂亚瓦纳科文化是公元 5—10 世纪之间影响秘鲁全境的一支文化。作为该文化的代表太阳门,由重达百吨以上的整块巨型中长石雕镂而成,造型庄重,比例匀称。它高 3.048 米,宽 3.962 米,中央凿一门洞。门楣中央刻有一个人形浅浮雕神像，人形神像的头部放射出许多道光线，双手各持着护杖，在其两旁平列着三排48个较小的、生动逼真的形象，其中上下两排是面对神像的带有翅膀的勇士，中间一排是人格化的飞禽，浮雕展现了一个深奥而复杂的神话世界。这块巨石在发现时已残碎，1908年经过整修，恢复旧观。据说每年9月21日，黎明的第一缕曙光总是准确无误地射入门中央。

在印加人创造蒂亚瓦纳科文化年代，尚未使用有轮子的运输工具和驮重牲畜，因此在这云岚缭绕、峭拔高峻的安第斯高原上建造起如此雄伟壮观的太阳门，实在是不可思议。16世纪中叶，西班牙殖民主义者见到这座庄严的古建筑时，曾认为是印加人或艾马拉人造的。但艾马拉人不同意此说，认为太阳门远为古老，是太阳神维拉科查开辟天地，建造了太阳门和蒂亚瓦纳科其他各种动人心魄的建筑群。欧美大百科全书叙述了两种传说：一个传说说是由一双看不见的手在一夜之间建造起来的；另一传说说是那些雕像原是当地居民，后来被一个外来朝圣者变成

← 神秘的蒂亚瓦纳科太阳门

了石头。长期定居在拉巴斯的奥地利考古学家阿瑟·波斯南斯基则在20世纪上半期提出一个假想，认为该文化年代可上溯到13000年前，它建在一个巨大的甜水湖岸上，湖水来自融化了的冰河期的冰川，由科拉族、阿拉瓦族缔造了史前期的城市，太阳门是个石头日历，后来火山爆发或其他自然灾祸毁灭了这古老城市和文明。然而上述这些说法仅是神话传说而已。

为弄清蒂亚瓦纳科文化的来龙去脉，美国考古学家温德尔·贝内特用层积发掘法证明该文化最早年代为公元300~700年，太阳门等建筑在公元1000年前正式建成。这里原是宗教圣地，朝圣的人群跋山涉水去那里举行朝拜仪式，可能就在朝拜同时运来了建筑材料，建造了这些宏伟建筑物。苏联历史学家叶菲莫夫、托卡列夫也赞同这一观点。但问题是，在当时生产力极为原始，怎么把重上百吨的巨石从5公里外的采石场拖曳到指定地点，要完成这任务至少每吨要配备65人和数英里长的羊驼皮绳，这样得有26000多人的一支庞大队伍，而要安顿这支大军的食宿，非得有一个庞大的城市，但这在当时还没出现。另有不少人认为，当初是用平底驳船从科帕卡瓦纳附近采石场经过的的喀喀湖运去石料的，据地质考查，当时湖岸与卡拉萨萨亚地理位置接近，后来湖面降低才退到现在的位置，如这一说法成立，那使用的驳船要比几个世纪后的殖民主义者乘坐的船还要大好几倍，这在那时也是不可能的事。

玻利维亚著名的考古学家、蒂亚瓦纳科考古研究中心主任卡洛斯·庞塞·桑西内斯和阿根廷考古学家伊瓦拉·格拉索用放射性碳鉴定出，蒂亚瓦纳科始建于公元前300年，公元8世纪以前竣工，一般认为在公元5—6世纪。建造者可能是安第斯山区的科拉人。他们都认为太阳门是宗教建筑。

西班牙阿尔塔米拉岩画之谜

在西班牙北部阿尔塔米拉的一个山洞深处,9岁的玛丽亚·德·萨托奥拉和她的父亲——一位业余考古学家在此挖掘着。

忽然,从洞内传出了小女孩微弱的尖叫声:"公牛!公牛!爸爸快来!"

她父亲马斯利诺扔下鹤嘴锄跑进洞里,只见女儿站在那里激动地指着洞顶。他举起提灯,在那18米长、9米宽的洞顶上发现了一些褐色、红色、黄色和黑色的史前骏的画像——这些壮观的艺术品已有万年以上的历史了。

洞顶上有17只活灵活现的骏,有的正以爪子抓挠着地面,有的躺卧,有的怒吼,有的被长矛刺伤濒于死亡。在它们周围,画着一群野公猪、一匹马、一只雌鹿和一只狼。

当萨托奥拉深入这些纵横交错的洞穴时,她发现了更多其他动物绘画,其中的许多动物已经灭绝或于几世纪前就已从西欧消失了。

那年是1879年。起初,萨托奥拉的发现被考古学家们当做伪造器而嗤之以鼻——一个怀疑达尔文进化理论的阴谋。

然而,这些后来被证明是史前艺术最伟大发现之一的绘画,其中多数已被确认为公元前15000年~前10000年的作品。

1902年,萨托奥拉去世14年后,考古学家艾比·亨利·布罗伊尔造访了那些洞穴,并从地下掘出了一些兽骨,其中的一些几乎与洞顶上的那些雕刻毫无二致。

那些绘画的真实性不再被怀疑了,并被尊称为"史前艺术的西斯廷教堂"。此外,令人惊奇的是它们的保存状况。在南部欧洲——大部分是在西班牙的东北部和法国的西南部,已发现有100多个装饰着石器时代的绘画和雕刻的洞穴,但由于时间和气候的蹂躏,它们已经模糊不清了。

阿尔塔米拉的绘画位于一片漆黑的洞穴里,萨托奥拉是距离很近时才发现的。洞中的温度和湿度恒定不变,通风状况恰到好处,而且空气中的湿度使得绘画色彩不至于因干燥而剥落。几个世纪以来,崩坍的石

← 阿尔塔米拉岩画

块使它们与世隔绝。在法国南部拉斯卡厄克斯有些相似的绘画，在对外开放的15年里遭受的损坏——由造访者带来的汗、体温以及一些微生物造成——程度超出了以往几千年的总和。

拉斯卡厄克斯这个伟大的史前艺术画廊是几个年轻人发现的。1940年，18岁的马塞尔·雷维达特带着三个朋友来到几天前他带着狗散步时用一棵倒伏的树作为记号的洞口。这些年轻人扩大了洞口后，马塞尔钻进了大约有5.5米深的洞穴底部。

在几根火柴的光亮下，他隐约看见一些美丽的壁画。次日，这些年轻人带着提灯，发现了画着的一批排列整齐的马、野牛、梅花鹿、骏和其他动物。

这些年轻人将他们的发现报告了艾比·布罗伊尔。因此，如今的拉斯卡厄克斯洞穴画和阿尔塔米拉洞穴画一样，被作为已发现的原始艺术中一些最优秀的典范而为人所知。

拉斯卡厄克斯洞穴画包括一间著名的野牛厅，它是以漆黑色和暗红色熟练地绘就的，在其他地方，有一群奔马和长着鹿角的梅花鹿脑袋。所有这些都画得活灵活现。

就像阿尔塔米拉的绘画一样，这些壁画显然不是原始野蛮的产物，而是心灵敏感的画家的作品——远比一般概念中的石器时代的人要时尚得多。其完成时间为15000年之前或更早些，也许要回溯至公元前28000年。它们包括了不同的风格，从质朴的雕刻到色彩鲜明的绘画。有许多作品非常真实。

已知这些艺术品是公元前32000年～前10000年生活于欧洲旧石器时代的人创作的，他们被称作克罗马农人。他们以采集植物和狩猎为生，但也从事发明和创造。有关考古学的研究表明，他们具有一种延续的独特文化。他们的最后一支生活于马格德林期,即大约在公元前15000年~前10000年之间。

这些绘画先用一块尖利的燧石碎片刻出轮廓,而后着色。画家们没有绿色和蓝色,但可能从锰氧化物、木炭或煤烟中获得了黑色和紫黑色,用石头或骨制杵臼将地面上的铁矿石捣成粉末,从中提取了褐色、红色、黄色和橙色等颜料,尔后用动物的血或脂肪,以及植物的汁加以调制。绘画的方式有许多:用手指,以兽毛或羽毛做的刷子,或者是嚼碎的细枝末端。画家们也用苔藓,或者通过空心的芦秆吹着绘画。

在阿尔塔米拉,发现了最好的马格德林期的艺术,找到了以动物脂肪绘成的赭色蜡笔画。这些绘画是极其小心地在幽暗之处画成的,那里日光几乎透不进去,只能用人工照明。而在那里也发现了若干盏石制的灯。洞顶上的绘画表明,当时使用了脚手架的形式。

不少考古学家认为,这些洞穴绘画也许曾是宗教仪式的一部分,用符咒震慑野兽以便捕捉。早期人们也许还相信通过绘画这一媒介,在狩猎时,勇猛和力量会传递给他们。

不过,这些绘画也可能是用来教授年轻的狩猎者们如何捕杀的:许多画表现了长矛刺入一只动物最脆弱部位的情景。

这些壮观的图画最迟的大约在公元前10000年绘成。当最后的冰原大片消失时,气温转暖了,因而马格德林期的人离开了他们的洞穴,在空旷之处生活。在随后的4000年中,他们的后代逐渐适应了大大变化了的环境。渐渐地,他们学会了种植,然而糟糕的是,他们失去了美术上的技能。

Part 3
古迹探秘

蒂亚瓦纳科和萨克塞瓦曼之谜

在南美洲，有两个神秘的地方，一个是萨克塞瓦曼，一个是蒂亚瓦纳科城，吸引了世界上众多的考古爱好者。蒂亚瓦纳科的神秘就在于，在一个干涸的泥潭中发现了一份天文日历，它提出了令人无可辩驳的事实和根据，证明编制和应用这种天文历的生物有着比我们人类更高的文化和文明。在这里另一个奇怪的发现就是"大神像"，神像由整块的红色砂岩雕刻而成，长8米半，有30多吨重，这是在"古神庙"中发现的。让人费解的是，遍布神像上的几百个符号十分精致，并且令人难懂，而存放神像的建筑物的建造技术很原始，但是却十分高超，正是由于其建筑技术的原始，才被人们称为"古神庙"。

贝拉米和阿伦在《蒂亚瓦纳科的大神像》一书中，对这些符号做了颇为合理的解释。他们认为，这些符号记录了许多天文学知识，而且这些知识是以"地球是圆的"这一事实为基础的。他们的这些观点，同霍尔比格在《卫星学说》一书中的观点完全一致。霍尔比格的书出版于1930年，比大神像的发现早5年。《卫星学说》指出，有一个卫星为地球所俘获，当卫星被拉向地球时，地球旋转的速度变很慢，最后卫星四分五裂，于是产生了月亮。神像上的符号精确地记录了这一理论的天文现象，那时地球一年为290天，卫星每年绕地球转427圈。由此推算，大神像上的天文历记录了27000年前的天象。他们在书中写道："总的说来，神像上铭文给人的印象，是一种留给后代的记录。"

的确，这是一件很古老的东西，光说"这是一个古代的神"是远远不够的，应该对此做出更好的解释。如果贝拉米和阿伦的说法能够证实的话，我们不禁要问：那些连造房子尚且要好好学习一番的人真能积累起这些天文知识吗？他们的这些知识是从哪里学来的？会不会来自天外文明？无论怎样，神像和天文历所表现的知识的复杂性是令人震惊的。

蒂亚瓦纳科城还充满了神秘。城市位于海拔5000米的高原上，从秘鲁的库斯科出发，要乘几天的火车和船才能到达这个城市的发掘地点。这个高原的景象，看上去像是在一颗陌生的外星球上。体力劳动对于任何一个非本地人来说都是难以忍受的，因为气压很低，大约只有海平面的1/3，空气中的氧含量也非常少，只占平常的1/3。可就是在这样的高原上有过一座大城市，在这片非常古老的废墟上，到处散布着神秘莫测的古代之谜的信息。在一块块150吨重的砂岩上，垒着一块块70吨重的石块，砌成了墙。石块表面都打磨得十分光滑，拼合处的角度也十分精确，都是用铜榫连在一起的，而且黏合得非常好。在一些约10吨的石块上发现了一些3米深的孔，这些孔的用途至今还无法说明。从同一块石头上开下来的好些5米长的磨薄了的石板，也无助于解开这里隐藏的奥秘。2米长、1米宽的石头水管像玩具一样散落一地，显然是一场灾难造成的。而具体是什么灾难，却无从考知了。这些水管的制作之精巧简直让我们吃惊，就是现在十分精致的水泥管也显得逊色多了。蒂亚瓦纳科的祖先在没有先进工具的情况下，是怎样制造出这样精致的水管呢？这实在是令人难以理解。

在已修复的一个院子里,有一堆乱七八糟的石刻头像。细看上去,这些头像表现了各种不同的人种:有的薄嘴唇,有的厚嘴唇;有的是长鼻子,有的是扁鼻子;有的耳朵肥厚,有的耳朵小巧;有的棱角突出,有的面部线条柔和;还有一些头像戴着奇怪的头盔。为什么会有这么多的人种?让人费解。在这里,还有用一整块巨石雕刻成的"太阳门",约5米高,3米宽。这件石雕估计重量在20吨以上。两侧有50幅方形图案,分成四排,簇拥着一个像是飞神的像。蒂亚瓦纳科城的传说告诉我们,在很久很久以前,天上来了一艘金色的飞船,里面出来一个女人,她的名字叫奥丽安娜,她的任务是成为地球的"伟大女人"。奥丽安娜只有4个手指,手指之间有蹼。伟大的母亲奥丽安娜生养了70个地球之子,然后又回到了天上。在蒂亚瓦纳科,我们确实发现了画有4个指头生物的石壁,画的年代无法确定,而且手指之间也有蹼。

↑ 蒂亚瓦纳科建筑遗址

除了蒂亚瓦纳科之外，值得一提的还有萨克塞瓦曼，它距离著名的印加城堡不足900米。我们无法想象，当时人们是用什么样的技术手段，从采石场开采出每块重150多吨的大石料，然后搬运到很远的地方进行加工制造。从萨克塞瓦曼防御工事回来的路上，在几百米外山坡上的一个火山口中，人们可以看到一块足有4层楼高的石块。这块巨石经过精雕细刻，有台阶和斜坡，还有螺旋形的条纹和洞眼作装饰。加工这样空前巨大的石块，不会是古印加人的闲情逸致吧？但是，谁能够想象，人类竟然能用双手，靠自己的努力，开采、搬运和雕凿这块巨石。干这件事要多么大的力量呀！这是为了什么目的呢？又是如何进行的呢？

　　另外，就在距离这块巨石800米外的地方，人们又看到藏文古籍《丹多娃》和《康多娃》也讲到了史前的飞行装置，书中把飞行装置称为"天上的珍珠"。在《萨玛朗加那——苏德拉德哈拉》一文中，用了整章整章的篇幅来描写尾后喷出火和水银的飞船。

　　梵蒂冈博物馆的阿里伯托·杜利发现了公元前1600年图特摩斯三世时代的一卷古文残篇，它记载了这样一段神奇传说：有一个火球从天而降，气味十分难闻，图特摩斯和他的士兵们一直望着这个景象，直到火球向南方飞去，从视野中消失为止。

　　在古挪威和冰岛的传说中也讲到在空中遨游的神。弗莉葛女神有个使女叫格娜，女神派她乘一匹能够飞过陆地和海洋的骏马到另外的世界去，这匹马叫"虎厄斯路厄"（意为四蹄喷火）。在死海附近发现的《启示录》中写到了一种喷火车。文中写道："在那个人身后，我看到一辆火轮车，每个轮子满是眼睛，轮上有个宝座，周围是一团火。"宝座和天车都是犹太神灵的传统象征与图腾崇拜，大致相当于希腊及早期基督教中的普利洛马（巨光）。

在位于埃及尼罗河三角洲的古城孟斐斯，也有这样的传说，普塔神交给国王两个模型，用以庆祝他统治的周年纪念日，命令他10万年内庆祝该纪念日6次，普塔神来给国王送模型时，乘着一辆闪光的车，不久，他又乘车在地平线上消失了。今天，在埃德弗的房门上和庙宇里我们还可看到画有翅膀的太阳和带着永恒标记的飞鹰图画。

假如一架直升机第一次在非洲丛林里着陆，当地人谁也没见过这玩意儿。直升机发出吓人的隆隆声，在一块空地上降落。驾驶员身穿战地服装，手提机关枪，头戴着防撞头盔，从机舱里跳了出来。缠着腰布的野人看着这个从天而降的东西和从没见过的"神"吓呆了，茫然不知所措。甚至连手脚都不知道该往什么地方放了。过一会儿，直升机又起飞了，消失在天空之中。剩下这个野人时，他开始想办法来解释这件事。他会告诉那些不在场的伙伴，他看到一辆"飞车"，一只"大鸟"，发出可怕的声音和臭味，还有带着喷火武器的白皮肤的生物。这不同寻常的来访者被记录下来，一代一代传下去，就形成了这些神奇故事，父亲讲给儿子听时，这只天鸟显然不会变小，而里面跳出来的生物则变得更加奇特、更加仪表堂堂、更有本领。故事会添上这样那样的枝叶，但是，这个神奇的传说的前提是确有直升机降临了。从那时起，这件事就成了这个部落的一个神话，永远流传下来，而且越流传越神秘。

巨大的石头标记之谜

在秘鲁利马南部的比斯开湾，有一个人工建造的高高的红色岩壁。岩壁上雕刻着一个巨大的三叉戟或三足烛台形状的图案。三叉戟的每一股约有 13 英尺宽，而且是用含有像花岗岩一样硬的雪白磷光性石块雕成的，因此，如果不是现在被沙土所覆盖，它将发出耀眼的光芒。

是什么热情驱使古印加人建造了这么巨大的石头标记呢？

一些考古学家认为，比斯开湾岩壁上的三叉戟是指示船只航行的陆标。但大多数考古学家不同意这种说法。他们指出，绘制在这个海湾中的这幅三叉戟图案，不能使所有角度上航行的船只都能看到它。况且，在遥远的古代，是否有远洋航行这回事都值得怀疑。如果有些航行必须要用航标来指示的话，古印加人为什么不利用两座岛屿？这两座岛屿就在三叉戟的中股延伸线的同一海面上，它们提供了有利的自然条件，不管船只从哪一个方向驶向海湾，从很远的地方就可看到这些岛屿。但如果用三叉戟当航标，从北方或南方来的海员却不能看到它。而最主要的一点，绘制三叉戟的人，是使它的方向朝天的。另外一点也值得提一下，在三叉戟坐落的地方，除了一片沙滩之外，没有任何东西可吸引海员。而且，就是在史前时代，那里的水中也是礁石嶙峋，根本就不适于船只停泊。因此，考古学家们认为，这座在古时候光芒耀眼的三叉戟图案，一定是作为某些会"飞"的人的航空标志而设置的。

考古学家又推测，如果三叉戟确是航空标志，那它不应是孤立存在的，在它的周围一定还有另外一些东西。果然，20世纪30年代，在距三叉戟图案100英里外的纳斯卡荒原上，考古学家又发现了许多神秘的图案。这些图案遍布从巴尔帕的北边至纳斯卡南边的37英里狭长地带。它们是一些几何图案、动物雕绘，以及排列整齐的石块，很像一座飞机场的平面图。

如果乘飞机在这个荒原的上空飞行，人们可以发现许多闪闪发光的巨大线条。它们伸展几英里，有时平行，有时交错，有时构成巨大的不等边四边形。此外，还能看到一些巨型动物的轮廓。它们都是用明亮的石块镶嵌出来的。其中有极长的鳄鱼，卷尾的猴子……还有一些地球上从未见过的异禽怪兽。

是谁制作了这些图案？为什么把它们绘得如此巨大？而且为什么只能从一个很高的角度——例如在飞机上——才能获得这些图案的全貌呢？这些问题引起了考古学家们的兴趣。

据当地的传说，在过去的某一个时期，一群不知来历的智慧动物，曾登陆在今天纳斯卡城近郊的一块无人居住的荒原上，并为他们的宇宙飞船在那里开辟了一座临时机场，设置了一些着陆标记。这之后，不断地有他们的飞船在这里着陆和起飞。这群宇宙来客在完成了他们的使命后，又离开地球回到自己的行星上去了。当时的印加部落居民，曾亲眼目睹了这些宇宙人的工作，并且留下了很深刻的印象。

考古学家们对这个神话般的传说深信不疑，他们并且推测：如果纳斯卡荒原是登陆点，比斯开湾上的三叉戟是登陆指标，那么，在纳斯卡

纳斯卡荒原线条巨画

的南边也应有一些指标才对。

果然，在距纳斯卡 250 英里的玻利维亚英伦道镇的岩石上，人们发现了许多巨大的指标。在智利的安陶法格斯塔省的山区及沙漠中，也陆续找到了这样的东西。在许多地方，有直角形、箭矢状和扶梯状的图形，到处都可看到。甚至可以看到整个山坡上绘着很少雕饰的长方形图案，在同一平面上的整个区域内，峭壁上陈列着光芒四射的圆周和棋盘形状的椭圆形图案。而在人迹罕至的泰拉帕卡尔沙漠的山坡上，有一幅很大的机器人图案。这幅机器人图案约有 330 英尺高。它的形状是长方形的，很像棋盘，两腿直条形，纤细的脖子上是一个长方形的头颅，上面有 12 根一样长的天线般东西竖立着。从臂部到大腿间，有像超音速战斗机那种粗短翅膀般的三角鳍连接在身体的两边。这幅图案距纳斯卡荒原大约 500 英里。

至此，考古学家们推测，这些图案与宇宙来客有关，是一些很值得研究的古代遗址。

敦煌莫高窟的历史谜团

自古以来，通往西域必经之地，也是首先接触欧洲文化、经济的重镇敦煌，一直扮演着重要的角色。丝路是中国古代运送蚕丝到欧洲的重要交通大道，而敦煌可说是居于要塞的地位，因而形成当时中西文化、贸易交流的中心，居住当地的百姓，受到新思潮的冲击，无论在思想、行为方面，都走在时代的前端。

← 敦煌莫高窟

从印度流传来的佛教，也因此在敦煌站稳了脚步，使敦煌成为佛教的圣地。著名的《西游记》更是以此地为根据地，发展成一部旷世名著。然而随着交通的进步，丝路日渐没落，远在甘肃省境内的佛教圣地所孕育的丰盛的文化宝藏也随之被湮没淡忘了！

在 1900 年，正当八国联军大闹北京城的当儿，一位虔诚道士王元禄竟然在敦煌的石窟中，发现了一间堆满经书、抄本、佛像画、图像……关于佛教的学问书籍、文件集于一堂。

举世闻名的敦煌莫高窟位于甘肃敦煌鸣沙山下。它是中国最大、最著名的佛教艺术石窟。莫高窟又叫千佛洞，现存石窟 492 个，壁画总面积约 4500 平方米，彩塑像 3000 多尊。敦煌藏经洞即莫高窟第 17 窟。敦煌藏经洞被发现后，敦煌学也随之兴起，学者们纷纷探讨藏经洞封闭之谜。藏经洞是何时封闭的？其原因何在？由于没有发现可信的文字记载，它的封闭时间及原因，就成了历史谜团。中外学者根据各种旁证材料，提出了多种假说。

一种说法认为是莫高窟的僧人为躲避战乱，使经卷遗书免于战火而存放的。持这种观点的学者较多。但在具体封闭时间上又各执己见。其中最有代表性的说法是，宋初，西夏人占领敦煌之前，千佛洞的僧人为躲避战乱，临走前便把经卷、佛像、文书等藏入洞内封闭，待战乱过后再回来启用。谁知这些僧人一去不复返，杳无音信，此洞便成为无人知晓的秘密。

另一种说法认为这些经卷遗书都是当时敦煌僧众抛弃无用的废品。因佛经众多，为尊重佛法佛典，这些用过的经品既不能丢弃，也不能烧毁，只好用这个石室封存起来。持这种观点的学者认为，逃避战乱的说法自相矛盾，难以自圆其说。这是因为藏经洞内没有整部大藏经和其他珍贵物品，大多是残卷断篇，夹有不少疑伪经，甚至还有不少错抄的废卷和涂鸦之杂写，乃至作废的文书与过时的契约等等。如果是避难，那么这些珍贵的东西理所当然应该珍藏于石室中。为什么整部大藏经没有被收藏反而收藏的是残经破卷？因此，其真正的原因并不是为了避难，而是这些东西在当时实在是没有实用价值了。

还有一种说法认为是为了改造书库。持这种说法的学者认为，公元1000年左右，折页式的经卷已从中原传到敦煌，因阅读、携带方便，受到僧侣们的青睐。因此，僧众将使用不方便的卷轴式佛经以及许多杂物一并置于石室封闭。

也有说法认为，敦煌东有西夏党项羌，西有与佛教为敌的伊斯兰教哈拉汗王朝，东西势头逼人，敦煌曹氏后裔曹宗寿又逼其叔父——原归义军节度使曹延禄、瓜州防御使曹延端自杀，莫高窟危机潜伏，僧众为势所逼，封洞后作鸟兽散。从上述观点来看，对敦煌藏经洞的封闭时间及原因这一重大问题的看法，真是仁者见仁，智者见智。这一重大历史悬案的谜底，最终恐怕还得从今后的考古发掘中去寻找。

文化古迹寻真

彭水石刻天书之谜

在海拔1000多米的彭水县太原乡花园村9组的一座山上,有块神秘的石头,当地人称张飞岈石刻,1988年被列为县级文物保护单位。

千百年来,没人能看懂那块巨石上刻的是什么东西,它们是文字,还是符号?有人说是远古少数民族的文字,有人说是张飞用手指刻上去的,还有人说其中隐含了一幅藏宝图。

↑ 彭水石刻天书

这是块坚硬的棱骨石,重约八九吨,坐落在山梁上。巨石一面很平整,有6道人工打磨出来的深约半厘米、宽约20厘米、长约一米的凹槽,文字(符号)就一行一行地刻在凹槽中,当地村民称为"天书"。

1998年版《彭水县志》这样描述:"符号为阴刻,呈枝状、爪状、蚯蚓状,无环形、方形、三角形,个别略似象形状,不类甲骨文、钟鼎文,亦不类道家符咒。"

巨石有明显断裂痕迹,有些文字(符号)在断裂部位显得残缺不全。

近年来,当地政府将石刻拓片送到各全国各地专家手中辨认,却无人能道出个所以然。

现存于彭水县文管所的《四川省文物档案》复件称,张飞岈石刻"据考证乃秦代以前所刻,据专家考证,既非甲金文,亦非大小篆,音义也不辨识"。

前些年,湖南工业大学一教授推测,这是古代彝族的一种文字。但重庆历史地理专业委员会常务理事、彭水县旅游局干部简文相却认为可能性不大。

还有专家提出,这可能是蚩尤部队的文字,因为彭水是苗族聚居的地方,而蚩尤正是苗族的祖先。在距张飞岈不远的地方,曾发现一个铜矿,出土了很多汉代的青铜器,传说蚩尤部落曾在这里练兵铸铜器。由于千百年来无人能解读石刻的意义,只能猜测,更加增添了它的神秘感。让人不解的是,诸多猜测均与石刻的名称不相符。

文化古迹寻真

中国数处岩画之谜

很久以前,广西壮族自治区宁明县有一个农民在左江岸边干活休息的时候,无意中发现江对岸高高的岩壁上有像小人一样的图形,一个,又一个,像奔跑,又像跳舞。这是什么?是谁画的?农民不敢再看下去,拔腿就往回跑。人们就是这样,越是害怕搞不清的东西,越想知道,越愿意说,于是,就有了一个个关于花山岩画的奇妙的传说。

这是国内已知规模最大的一处岩画。画面宽约221米,高约40米。画面上绝大多数是人物,而且是一种姿势,双手上举,双脚叉开,密密麻麻地布满了数千平方米的岩面。尚可辨认的图像有1819个,其中少数人形体高大,腰佩环首刀,也许是部落首领,周围还有动物、铜鼓、铜锣等。人们看了觉得很神秘,困惑不解。

中国岩画分为南北两个系统。南系除广西左江流域,还有四川、云南、贵州、福建等地。南系岩画大都以红色涂绘,颜料是以赤铁矿粉调和牛血等而成的。制作年代在战国至东汉期间。北系以阴山、黑山、阿尔泰山等为主,绵延数千里,气势宏阔。北系岩画大都是刻制的,刻制又包括磨制、敲凿与线刻。制作时间的跨度很大,最早的可能在新石器时代,最晚的在元代。

在黑龙江、内蒙古阴山山脉、贺兰山北部乌兰察布高原等地是北系岩画集中的地区。北方岩画多表现狩猎、游牧、战争、舞蹈等，图形有穹庐、毡帐、车轮、车辆等器物，还有天神、地祇、祖先、日月星辰、原始数码以及手印、足印、动物蹄印等。贺兰山的岩画，形象古怪，面目各异。新疆岩画多为生殖崇拜的内容。这些图像大都凿刻在深灰或灰蓝色的岩石上，凿刻或磨刻的图像斑驳、稚拙、粗犷、简洁、浑然而多变。连云港的岩画刻在深褐色的岩石上，岩画的纹路和岩石的色彩既一致，又有微妙的变化。色彩的深浅交替，使图像产生一种跃动的感觉。

在南系岩画的十几个地点，共有图形一千多个。这些岩画表现了人们祭祀以及生产生活的场面。南系岩画普遍用红色涂染，这同原始艺术中习惯使用红色的现象是一致的。原始人在他们频繁的狩猎和战争活动中，鲜血不断地刺激他们的视觉神经，导致红色在视觉中的稳定性。红色那炽热的调子和生命之火相呼应，使岩画获得了无限的生命展现，当红色置于某种祭祀仪式氛围中，红色和血色，使岩画产生强烈的刺激效果，从而具有了一定的恐惧感、神秘感。

随着气象变化，岩画周围的环境发生变化，从而使岩画具有不同的整体效果。岩画和巫术仪式的结合须要选定某个特定的季节和时间，更增加仪式的空间氛围。

内蒙古阴山磴口县莫勒赫图沟崖壁上刻有许多人面形，这里巨石兀立，深谷苍凉，容易使人产生敬畏感。江苏连云港将军崖的岩画，刻在锦屏山南面入口处凸出的巨石上，形似穹隆，灰蒙蒙的色彩给人造成神灵如在天上飘然而立的感觉，令人肃穆。绘于河流转变处峭壁上的花山岩画，由近两千个红色人形构成的巨大场面，造成随时有可能压迫过来的沉重感。岩画对面是开地，高耸的画壁同绿色植物形成强烈的对比，与江水的流动合成一种神秘而凝重的氛围，在阳光或月光下呈现出奇异的色彩。可以想象，祭祀中人们的歌声、水声、鼓噪声混合交织，响成一片，红色岩画也仿佛和人们一起跃动起来，产生了难以言喻的庄严神秘的效果。

黑山峡谷位于河西走廊的北侧，甘肃省嘉峪关市的西北方。1972年5月的一天，酒泉钢铁公司黑山湖农场的一名职工，像往常一样，把羊群赶到了黑山峡谷的四道股形沟里，那天风和日丽，光线很好，当这位牧羊人无意中将目光落在一块岩石上的时候，她看到了一组奇异的画面，这就是后来被称为黑山岩画的摩崖石刻。

黑山岩画被意外发现之后，立刻引起了人们的关注，专家们考察后认为，黑山岩画是这里的先民们描绘在崖石上的史书，具有明显的地域特点，对于研究河西地区的史前文化，具有重要的历史价值。它们在1981年被定为省级文物保护单位，成为中国最著名的岩画之一。

在一座山的半山腰上，有一幅岩画，这幅岩画上有许多动物。令人感到惊奇的是，画面上居然出现了老虎和蟒蛇，这两种动物，只有在森林茂密、气候湿润的环境中才能生存，但这里别说森林，就连一棵小树苗都难得见到，而且气候极其干燥，老虎和蟒蛇根本不可能在这样的地理环境中生存。但它们怎么会出现在黑山岩画上呢？除非，刻凿这幅岩画的人见过这两种动物。

把这些动物刻录在岩石上的，应该是黑山地区的先民，那么，古往今来，曾经有多少民族在这里繁衍生息过呢？

古代的羌族是四千多年前，这儿的最古老的民族了。到春秋时期有乌孙和月氏，到秦汉时，就有匈奴。汉代以后就到魏晋南北朝时期，在河西地区出现了五凉政权，到了唐朝安史之乱以后，吐蕃占领河西九十年，唐朝末年宋代以后，又是西夏党项族，建立西夏政权。到了宋代以后就是元朝了，蒙古族在这儿占领着，到了明代早期，黑山地区是属于赤金蒙古卫的放牧区，所以这些民族，都可能是黑山岩画的创作者。

根据专家考证，四道股形沟的岩画，创作于旧石器时代晚期和新石器时代中期，也就是说，这里的岩画是最早在黑山地区生活的民族创作的。那么，谁是黑山地区最早的先民呢？真的是羌族吗？

事实上，关于哪个民族是黑山地区最早的先民，史学界一直以来众说纷纭。除了羌族，还有一种观点认为是从南方迁徙而来的三苗族人，依据是《史记》。司马迁在《史记》中写道："迁三苗于三危，以变西戎。"意思是说三苗人往西迁徙到了三危这个地方。

狩猎是河西地区的先民们为维持生存而进行的最直接的生产活动，黑山岩画真实地记录了他们的生活状态，在学术上有很高的研究价值，但这些狩猎图却无法告诉我们：究竟哪个民族是最早生活在这片土地上的先民。

黑山岩画是刻在石头上的历史画卷，展现了远古时期河西地区的社会面貌和人类的生存状态，同时也给我们留下了许多不解的历史之谜。

↑ 黑山岩画

Part 4
探秘古建筑

卡帕多基亚"地下城市网"之谜

　　卡帕多基亚是土耳其的旅游胜地,这里的格尔里默谷地,有许多火山沉积物,上面耸立着许多奇形怪状的石堡,看上去很有点像月球的表面。这些石堡是由火山熔岩硬化后,经风雨侵蚀而形成的。早在公元

↑ 土耳其地下城一角

八、九世纪的时候，这里的居民就开始凿空石堡，并将其改装成各种各样的建筑物，其中甚至包括富丽堂皇的教堂。然而，真正让全世界轰动的发现却在地下，因为在这里，人们陆续发现了许多地下城市。其中大部分都能容纳成千上万人，其工程量、规模之浩大，令现代人瞠目结舌。

这些地下城市中最著名的一座在今代林库尤村附近。地下城市的入口一般隐藏在各种房屋下面，此外还有许多通风口延伸到地面。整个城市布满了地道和房间，倒是颇有些像电影《地道战》中的场景，只不过规模要大得多。城市是立体结构，其中大部分的城市分为13层。代林库尤村的这座地下城市规模尤为浩大，仅最上层的面积就有4平方公里，上面的5层加起来可容纳10000多人，最下层还建有蓄水池，用以储藏水源。城里还有52口通气井和15000条小型地道，而最深的通风井深达85米。

到目前为止在卡帕多基亚地区，这样的地下城市已经发现了不下36座，虽然不是每一座都像上述的那么大，但都称得上是城市，能容纳至少数千人。而这些城市相互之间都用地道相连，其中不少地道长达10多公里，整个区域连成了一个巨大的"地下城市网"。熟悉这一地带的人认为，地下城市的数量，还远不止这些。

人们很自然地想到，这些地下城市是由谁建的？建于什么时候？用途又是什么？

对于这些问题，人们有着不同的见解。有人认为这些地下城市是早期基督教徒的杰作，他们曾最早在大约公元二、三世纪就在此避难。可后来经过考证，他们并不是真正的建造者，因为地下城市在他们到来以前就已经存在了，考古学家们在城里发现了闪米特时代的器物。而这支古老的神权民族，大约在公元前1000多年，曾在这一地区生活过。至此，前两个问题的答案似乎应该已经没有疑义了。那么，闪米特人为什么要建造这些地下城市呢？

很自然的原因是为了躲避敌人，因为根据考证曾有至少30万人一齐涌进过这些地下城市，而把地下作为躲藏的地点也符合人们历来的习惯。但奇怪的是，城里有不少通气井延伸到地上，并且还设有厨房，而炊烟是很容易让他们暴露的，看过《地道战》的人都知道，地上的人要将地下暴露的人置于死地，是很容易的。

那么闪米特人为什么要干这样的傻事呢？难道他们惧怕的不仅仅是地面上的敌人？他们在地下岩石中开凿避难之所也是为了躲避能飞行的敌人吗？

有人在闪米特人的圣书《科布拉·纳克斯特》中查到了一些关于所罗门大帝怎样利用一辆飞行器把这一地区搞得鸡犬不宁的描述。阿拉伯史学家阿里·玛斯乌迪就曾描述过他们的飞行，并介绍了这个神权主导一切的部族。其实人们挖地下城市在当时来说是完全可以理解的，因为他们对于这种飞行现象感到恐惧至极，所以每当有"他们来了"的报警呼喊声响起时，他们就自然而然地躲进了地下城市。

这会不会就是闪米特人所害怕的敌人呢？至于所谓的"飞行器"，又是一个让人费解的问题，有不少人就马上联想到了外星人，因为那时的人们应该连风筝也没有，更不用说飞机了。

究竟实际情况如何，恐怕又是个难以解开的谜了，只有等待时间让它水落石出。

远古巴西神秘的"七城"

1928年,一位叫路德维希·施维恩哈根的奥地利哲学家和历史学教授在他所著的《远古巴西史》中详细描述了充满了神秘色彩的"七城",至此,"七城"成为考古学家和历史学家蜂拥而至的新的热点。

巴西"七城"在特雷西纳的北边,位于小城皮里皮里和里奥隆格之间。它的纬度差不多是在赤道上,离海边只有300多公里。初到"七城"的人会发现,这里没有杂乱的先前被层层叠放的石头残留物。没有带着尖尖的棱角和人工雕刻条纹的独石柱,而是一种神秘的乱七八糟的所在,和《圣经》中所描述的被上天用烈火和硫黄消灭掉的罪恶之地十分相似。

这里石头被烧焦了,被可怕的暴力熔化了。大火把这儿的一切都吞噬掉的时间,离我们肯定太久远了。在这里,稀奇古怪的石头造型和被分成数段的怪物巨兽别别扭扭地刺向天空。然而科学家在"七城"还没挖掘出人的尸骨。

从考古学家精心绘制的复原的平面图我们可以看到,"七城"周围的界线是一个相当精确的、直径为20公里的圆圈。"七城"被清清楚楚地分成七个区。在这七个区里,考古学家可发现碉堡、街道、神庙、篱笆、地下槽罐、大墙等遗迹。然而"七城"的神秘所在自有其不同的特点。

首先,"龟甲"状地貌是"七城"荒野中有着特殊魅力的东西,由于缺乏研究,人们对何以出现这种情况茫然不知。再有,使考古学家和科学家诧异的是:被压成碎骨状的金属块,从岩石层中显露出来,在墙壁上还可见到呈长长点滴状的锈迹仍在向下延伸着。这些现象都是怎样产生的?到目前为止,还没有一个人能拿出被公众认可的原因。

然而最令考古学家和科学家不能理解的是:是谁在岩壁上画了那些画?那些画又意味着什么?这些史前的艺术家们在岩壁上画圆圈、轮子(带轮辐的)、太阳、圆圈中的圆圈,圆圈中的四角,十字和星辰的变体。有一幅画是这样的:首先是一条直线,在线下而摆动着4个如同五线谱头的球体。由于史前的人不认识记谱符号,这些东西肯定是另一种意思。画上有一个古印度浮雕,虽然它所显示的是9个"百线谱头"在中线之下,两个在中线之上。印度研究人员根据梵文鉴定这块浮雕描绘的竟然是一种飞行器。这些岩画中显其特色和给人印象最深刻的是画有宇航员的一面墙,两个戴着圆形头盔的人物,在他们上方有一个东西,幻想家会把它描述成飞碟,在两个人物之间绕着一道螺旋线,其边上还有一个人形象……看了这些岩画,人们不禁要问,难道"七城"的居民真的见过宇航员和飞行器?这些宇航员来自哪个星球?他们来到"七城"的目的又是什么呢?"七城"曾经相当繁荣,它又是怎么一下子变成一片废墟的呢?目前仍是一个没有人能够解开的历史之谜。

文化古迹寻真

"云雾中的城市"马丘比丘

在南美高峻的安第斯山区，印加古城遗址"马丘比丘"安卧于老年峰和青年峰中间陡峭狭窄的山脊上，四周被崇山峻岭重重包裹。在这个没有人烟的地方，印加人却奇迹般地建起了他们的城市。远远看去，这更像是电影特效的成果——古城似乎随时可能从山脊上滑下万丈深渊。

马丘比丘大概建造于公元1450年至公元1500年之间，不久后，印加帝国便被西班牙人摧毁。由于其所处位置偏僻，使得马丘比丘在长达几百年的历史中都没有被西班牙殖民者发现，它也因此免遭劫掠。

美国人海拉姆·宾汉在1911年偶然发现马丘比丘的时候，老城已经被几个世纪的树林灌木、苔藓藤蔓层层遮盖，只能隐约看到些断壁残垣。今天，杂草蔓藤虽然被清除了，但是想要瞻仰古城全貌，仍然得耐心等待笼罩古城的山中云雾散尽。这也就是为什么马丘比丘被叫做"云雾中的城市"的原因了。

男人来到马丘比丘，寻找逝落帝国的故事和感动是最重要的使命。数百年前，生活在这片古老土地上的居民因为对西班牙人带来的传染病没有抵抗能力，人口在短时期内锐减百分之九十。在这样一个没有文字，仅靠口传来记载历史的民族，人的消亡便意味着历史的终结。

可是，顽强的印加人凭借他们在石器建筑方面的天才，留下了虽不能开口，却足够永恒的马丘比丘古城遗迹，他们坚信，即使世界上再没有印加人，印加文明在地球上的痕迹也从此无法磨灭。

也许是对侵入者的惩罚，马丘比丘始终以沉默面对世界。人们经历了发现马丘比丘的兴奋之后，想要找到了解这神秘古城的钥匙，却陷入了一片迷惘。

通过对这里发现的木乃伊做年代测定，人们发现马丘比丘大致在15世纪中后期由印加王帕查库提所建。城中宫殿、神庙、祭坛、广场、街道、水道、监狱、仓库等一应俱全。以15世纪印加人的生产力和技术，他们如何将巨大的石块运上绝顶山梁已经无从解释，而这结构精密、庞杂繁复的城堡凭空而起，更是令人匪夷所思。

↑ "云雾中的城市"马丘比丘

在马丘比丘内看著名的遗迹太阳庙、印加之家、大庙、拴日石、三重门、谷仓、大磨盘、神鹰庙和中央广场，内心应当是平静的。现代的考古学者推断，马丘比丘并不是普通的城市，而是一个举行各种宗教祭祀典礼的活动中心。在这里大部分挖掘出来的遗体都是女性，所以有人猜测，马丘比丘是特地用来赡养妇女以供男人所需的城市。但事实上，从建筑的结构来看，马丘比丘并不适宜居住。

印加人崇拜太阳，太阳神是他们最重要和崇拜的神灵，这从印加王都自称为"太阳之子"上可见一斑。所以可以猜测，这些女人都是在祭祀典礼上敬献给太阳神的"太阳神的处女"。

城中最著名的是"拴日石"是一块精心雕刻过的怪异巨石，据说印加人在每年冬至的太阳节时为祈祷太阳重新回来，会象征性地把太阳拴在巨石上，"拴日石"由此而来。但是这些太阳的子民为什么竟遗弃了他们的精神象征"拴日石"？在那段中断的历史中，这里究竟发生了什么？无人知晓……

站在古印加人曾经顶礼膜拜的大庙前，身下是日夜奔流不息的乌鲁班巴河，诸如"圣洁、神秘、虔诚"一类的字眼会迅速侵占男人们的大脑——也正是因为这些原因，马丘比丘被列入全球十大怀古圣地之列。

印第安人的珍奇石刻

在秘鲁国立大学博物馆里,珍藏着一块3万年前的奇异石刻。石刻描绘一位古代印第安的学者,手持一个管状物贴近眼前,聚精会神地观测天象。

这块石刻引起了各国天文学家极大的兴趣,因为那个古代印第安天文学家手里所拿的东西跟现代的望远镜非常相像。而人们一般都认为,人类第一架望远镜是在17世纪由伽利略发明的,至今不过300多年,那么,在遥远的3万年前,印第安人石刻中的望远镜又是从哪儿来的呢?

类似的珍奇石刻,在秘鲁国立大学博物馆还有1.4万块之多,它们描述了古代印第安人在天文、地理、生物、

↑ 秘鲁石刻

医学等领域令人难以置信的高度成就。

比如，其中有至今仍视为禁区的大脑移植手术；有精细得连血管也清晰可见的心脏手术；有精致的西半球地图；还有准确的星象图……

早在1525年，这些石刻就引起了一个叫做西蒙的教士的注意，他把这一发现写入著作。20世纪70年代，美国宇航局的约瑟夫·布鲁利克博士为了解开这些印第安人古代石刻之谜，特地到秘鲁进行了长时间的研究。他用种种科学方法对那些石刻进行分析，最后断定，那些石刻确是出自3万年前古代印第安人之手。

布鲁利克博士的这个结论，使大西洋研究家们大为振奋。因为在一幅石刻的大西洋地图上，赫然刻画着早已突然消失的大西洲图形。古希腊哲学家柏拉图在他的哲学著作中曾首次提到神秘而美丽的亚特兰蒂斯（大西洲）。

秘鲁的古代石刻再次为大西洲的存在提供了证据。这些印第安石刻也使研究"天外来客"的专家们欣喜若狂。秘鲁国立大学的人类学教授卡布勒说："如果那手持望远镜观天以及精细正确的外科手术图等，都是当时真实场面的写照的话，那么，可以证实'天外来客'曾在3万年前到过地球，并向人类传授过他们高度发达的科学技术知识。否则，那些印第安古代石刻的成因就很难解释。"研究"天外来客"的权威达尼肯也肯定地说："那些古代石刻'为天外来客曾访问地球提供了决定性的证据！'"

纳玛托岛的石柱之谜

密克罗尼西亚群岛共有 500 多个岛屿,像一把珍珠,撒在蔚蓝的南太平洋上。其中最大的岛屿名叫波纳佩岛,面积约 500 平方公里。在波纳佩岛对面,有一个很小很小的名叫纳玛托的岛。

1595 年,海军上尉佩德罗·费尔南德斯·德·库伊罗斯乘"圣耶罗尼默号"帆船来到这个小岛,他惊讶地发现,岛上虽然荒无人烟,但却有无数巨型整整齐齐码放在那里,堆成了一座十多米高的石头山。

后来的地质学家和考古学家们到岛上进行了研究,发现这原来是一处远古时代的建筑废墟。这些石柱是加工过的玄武岩柱,由冷却的火山熔岩凝成,每根重达数吨。有人曾试着数过这些石柱,堆砌起来的石山共由 4328 根石柱组成。连同各处地上散乱的石柱、若干墓室和一道 860 米长的石柱围墙,总计纳玛托岛上的古建筑废墟共用了约 40 万根石柱。

岛上的建筑没有浮雕,没有装饰,没有南太平洋建筑常见的繁丽花纹。只有数不完的玄武岩石柱和交错纵横的运河水道。这是一座什么建筑呢?

更令人不解的是,纳马托岛本身并不产这种玄武岩,石柱是从波纳佩岛运来的。两处距离虽不远,但只有水路通航。人们认为是用当地一

文化古迹寻真

↑ 纳玛托岛的石柱

种叫做卡塔玛兰斯的独木舟来运输的。这种独木舟一次只能运一根石柱。有人计算了一下，如果一天运4根，一年才能运1460根。照这样计算，波纳佩的岛民要工作296年，才能把40万根石柱统统运到纳玛托岛。

波纳佩土著人把纳玛托遗址叫做"圣鸽神庙"。传说300年前，一只鸽子驾船穿过水道来到这里。在鸽子来到之前，岛上的统治者是一条喷火的巨龙，它吹一口气就挖好了运河，石柱也是它从邻岛运到这里的。

传说或许有过多的神话色彩，但究竟是谁建造了纳玛托岛上的石柱建筑？太平洋岛民慵懒、散漫而自足，这样一个巨大的工程，以他们来说，没有特殊的动力是难以想象的。

更令人难以理解的是，岛上的建筑显然并未完工，留下一部分城墙还没来得及造好，就由于某种原因突然被放弃了。散乱的石柱扔得到处都是。

到底是谁在这个岛上建造了这奇怪的建筑？它是什么时候建造的又有什么用途？为什么尚未完工又被突然放弃了？纳玛托岛的石柱，又一个不可理解的谜。

开封的铁塔与繁塔

在古老的开封城里,至今仍流传着这样一句民谣:"铁塔高,铁塔高,铁塔不及繁(音pó)塔腰。"民谣中提到的铁塔位于开封东北,繁塔位于开封东南。可现在要到开封去看二塔,呈现在你面前的却是与民谣所说恰好相反的事实:繁塔只及铁塔腰了。这是怎么回事呢?铁塔实际是琉璃塔,因塔颜色远看似铁,俗称铁塔。铁塔的前身叫福胜木塔,是北魏著名建筑专家喻浩为封禅寺设计的一座供奉舍利的木塔,为八角十三

← 开封繁塔

层楼阁式，后毁于雷火。到了1049年，才又按原塔式样，修建了这座琉璃塔，名为灵感塔，又为灵威塔。该塔工艺绝佳，历经40多次地震和无数次暴风雨，依旧以55.4米高的雄姿直耸云天。繁塔也是砖石结构，因此塔建在繁姓的居民聚居的高台上，因而得名。此塔始建于955年，后又屡经扩建改建，竟把原来远远超过铁塔的高度越改越低。这是古代建塔史上极为罕见的情况。据传说，东海老龙王的儿子因探家心切，路过开封时一不留神，尾巴缠在繁塔上，把塔的上半部甩到东海去了。

　　民间还传说，明朝皇帝朱元璋为铲除开封王气，便命人把九层塔拆掉了六层。直到清初，繁塔上部才增建了一座七级实心小塔，形成了繁塔奇特的塔上有塔的景观。但就高度而言，仍不及铁塔。本来是"铁塔不及繁塔腰"，而如今却"繁塔却只及铁塔腰"了。

五台山显通寺奇观

　　五台山是我国著名的四大佛教名山之一,在佛教徒中素有"金五台、银普陀、铜峨眉、铁九华"之说。显通寺是五台山规模最大、最古老的寺院,始建于东汉永乐年间。相传寺院所在山峰与古印度释迦牟尼说法讲经的

↑ 五台山显通寺

灵鹫山相似，遂取庙名为大孚灵鹫寺，北魏时称大孚图寺，唐时改称大华严寺，明清两代重修后称大显通寺。

大显通寺最吸引人的是铜殿、铜钟和字塔。铜殿铸于1609年，高约5米，飞檐挑角，斗拱重叠，殿内的壁上铸满佛像，约有万尊之多。相传这座罕见的纯青铜建筑物是明代著名高僧妙峰祖师用10斤青铜铸成的。寺外的钟楼上悬挂着一口巨大的铜钟，传说重9999.5千克，本欲铸成万斤巨钟，只因为了避"万岁"的"万"字之讳，才特意差了一斤。

此钟深沉浑厚，钟声可传遍全山。字塔更是奇绝，这是一座5米多高的8层宝塔，砖瓦飞檐，脊岭兽头，饰有人物花卉，最具特色的是全塔刻满了81卷的《华严经》，共计60余万字，堪称世界奇观。

说起显通寺的来历，还有一个传说。明朝初年，大华严寺住持僧见寺院破落不堪，便四处化缘准备重修。重修寺院的资金筹足之后，便决定趁此机缘，请进五百罗汉。和尚继续化缘，集够一尊罗汉钱就请当地工匠铸造，终于在各地铸造了五百罗汉。可是，运回这五百罗汉却成了一个大难题。无奈，和尚要回五台山的时候，每见到一尊铁罗汉便虔诚祷告，请其于某日某时某刻驾临五台山。果然，日期一到，五百罗汉应灵而至，按序入座，一时轰动天下。消息传到明太祖朱元璋的耳朵里，他便立刻派大臣代表自己上山朝拜，并向大华严寺赐额"大显通寺"。至此，大显通寺香火鼎盛，香客络绎不绝。

奇险的悬空寺

北岳恒山不同于东岳泰山、西岳华山、南岳衡山和中岳嵩山，它不以飞泉奇峰、幽谷秀景为特色，而以控关带水的形胜之险而名闻天下。与此相应，恒山最负盛名的景观就要数悬空寺了。悬空寺选址奇险。它位于山西省浑源县城南5公里的金龙峡西崖上，峡谷两壁悬崖陡峭，越

↑ 悬空寺

高越窄，直插云天。悬空寺就在它近乎垂直的西崖腰间，下临深渊，距谷底约有 80 米，其上到崖顶约 150 米。寺基建筑在绝壁上的一个凹陷处，上有危悬之崖压顶，下有万丈不测之渊，犹如插在绝壁石缝之间。寺庙凿石为基，就岩架屋，栈道飞架，楼阁高悬。整个建筑南北长约 40～50 米，东西窄不过 10 米。寺内有大小殿宇 40 余间，东西向，大门朝南。山门内是南北对称的门楼，正室为两层重檐屋宇。两座三檐楼阁南北对峙，相距 20 米左右。它们依岩而建，上下相望，其间以栈道相连，栈道之上又起重檐楼阁两层，构成南北高低错落、曲折多变而又参差对称的空间格局，与悬崖之势巧妙配合，融为一体。寺前有数十根木桩支撑着悬空寺，形如吊脚楼。从下望去，摇摇欲坠，有千钧一发之感。当地有一首民谣形象地描述了其高险危绝："悬空寺，半天高，一根发丝空中吊"。这座举世闻名的悬空寺虽修建于北魏后期，但历代皆有修葺，因此至今仍坚固异常。游人登阁俯视，如临深渊；谷底仰视，悬崖若虹；隔谷遥望，如壁间雏凤，令人赞叹不已，深深为古代能工巧匠们的胆识和鬼斧神工所折服。

保国寺之奇

保国寺是宁波郊区灵山之麓的一座寺院,是中国现存最古老的木结构建筑之一,也是中国江南幸存的最古老最完整的木结构建筑,为中国重点文物保护单位。它由山门、天王殿、大殿等建筑组成,占地面积1.3万余平方米,建筑面积0.6万余平方米。

保国寺是我国江南保存最完好的北宋木结构建筑,是国务院公布的第一批全国重点物保护单位。大雄宝殿建筑风格特异,巧夺天工,是保国寺建筑之精华。大雄宝殿是寺内主建筑,重檐歇山式,是江南现存最古老的木构建筑,其面阔三间(11.91米),进深三间(13.35米),成纵向长方形。大雄宝殿气势雄伟,全部结构皆用斗拱榫巧妙衔接和精确的榫卯技术,不用一钉而将建筑物的各个构件牢固地结合在一起,承托起整个殿堂屋顶的重量。

保国寺无梁殿是建筑精华,为什么称无梁殿呢?其实大殿是有梁的,不过被藻井、天花等挡住罢了。另一方面跟供奉过的无量寿佛的谐音有关。大殿在建筑上有其独到之处:(1)平面布置进深大于面阔,呈纵长方形;(2)在前槽天花板上绝妙地安置了三个镂空藻井;(3)采用了复杂的斗栱结构,斗栱与昂都用榫卯巧妙衔接在一起,不用一枚钉子,整

文化古迹寻真

↑ 保国寺

座大殿稳巧有致,有很好的防风抗震能力;(4) 柱子的设计更是别具匠心,外观呈瓜棱状,柱心四根小柱拼合,外面再包镶四瓣木条,既节约木材,又不影响牢固,且外形美观。柱身有明显侧脚;(5) 不对称。大殿佛台西侧柱头上为方形木质栌斗,而东侧柱头上却为圆形石质栌斗;斗拱里转跳东侧为四跳,而西侧为五跳。保国寺大殿在建筑上有很高的历史、艺术和科学价值,是宋《营造法式》的典型实例,反映了当时建筑上的独特风格和力学研究上达到的高水平。所以,在《保国寺志》中记有不少前人题咏:"山岙藏得古招提,宫殿岿然结构奇","升斗昂拱人巧极,祥符千载永留名"。赞叹大殿在结构上的雄伟新奇。

古刹以建筑闻名,是一个集汉代（骠骑井）、唐代（经幢）、宋代（无梁殿）、明代（迎熏楼）、清代（天王殿、观音殿、钟楼、鼓楼）、民国（藏经楼）等各时期的古建筑群,占地2万平方,建筑恢宏壮观,内部藏品异常丰富。

保国寺除了木结构建筑的一"奇"之外,另有一"奇"就是大殿的每个角落不见鸟雀筑巢、蛛丝悬梁，更见不到虫蛀蚁蚀。原来大殿的建筑材料中，有一种带刺激性香味的黄桧，散发出为禽虫所畏闻的气味。也有一种说法是因为特殊的建筑结构而产生的声波振动的风流驱逐了鸟雀虫类。

  其他多为清代建筑。1983年迁入明代厅堂三间，1984年迁入唐代经幢两座，现在保国寺已成为一个拥有唐、宋、明、清、民国等各个时期的木构建筑群体。中轴线上依次排列有山门、天王殿、大雄宝殿、观音殿、藏经楼五幢建筑，东西轴线分别为钟楼、鼓楼、客堂等附属建设。1961年3月国务院把保国寺列为全国重点文物保护单位。

武当山金殿完好如初之谜

　　金殿位于武当山天柱峰顶端，海拔 1662.1 米。金殿为铜铸仿木结构宫殿式建筑，全部构件在北京铸成后，由运河经南京溯长江、汉江水运至武当山下的草店，再经人工运至山顶组装而成。殿之面阔与进深均

↑ 武当山金殿

为三间，阔 4.4 米，深 3.15 米，高 5.54 米。金殿立柱 12 根，下奠安装莲花柱基，柱上叠架额、枋及重翘重昂与单翘重昂斗栱分别承托上、下檐部，构成重檐庑殿式屋顶。正脊两端铸龙吻对峙、垂脊园和、翼角舒展，其上饰仙人、龙、凤、狮子、海马等灵禽瑞兽。金殿坐落在山顶 160 平方米石筑平台正中央，朝向为东偏南 8 度，非常符合北纬 30 度观看日出，故殿内的真武大帝是日出的第一个目击者，因此玄武大帝的眼是半睁半闭状态，说明铸造就是考虑了日出，也有说是正在修炼。整个金殿据《明史》记载，用精铜 80 吨、黄金 300 多千克，殿宇共有 1200 多个铸铜鎏金构件。金殿构件、神像下船运上山顶时曾组织了 10 万民工，有 411 人运输、管理、组织者，专门设置了 19 个工种、配备 92 个工头，用人抬、人拉原始古老的办法把笨重的金殿、神像一件一件运上天柱峰，金殿组装办法也是先内后外、从下向上分层安装。玄武神像及侍从首先安装就位，然后开始组装金殿，从下往上采用榫、铆、栓、焊等办法一件一件组装，直到顶端庑脊两端的两组铜铸吻合，组装完成后再采用水银加热后放入金箔，用碳棒搅拌成金泥涂抹在铜铸件的结合部，然后用木炭加热使水银蒸发，只留下金和铜铸鎏金构件形成一个非常完整的整体。水银蒸发是有毒的，这一工艺的完成，不知要丢掉多少匠人的生命，如今这一技术已失传。

从 1416 年建成至今，金殿在天柱峰上已度过 587 个春秋依然完好如初。我们知道许多因素都能引起建筑构件的变形，为什么这么大的铜铸鎏金建筑放在 1600 多米高的山顶经历了近 600 年的风吹日晒，没有变形开裂，依然完好如初，看不到一点变形裂缝？这真是一大科技之谜。

文化古迹寻真

慕田峪长城是谁修的

　　有人说是徐达、戚继光修建了慕田峪长城。这是不对的。长城作为防御工事体系主要包括三部分：关隘、边城（长城墙体）和墙上附属设施（包括附墙台和空心敌台等）。慕田峪关建于 1404 年；慕田峪长城的墙体和附墙台建于 1551 年；慕田峪的空心敌台建于 1569—1573 年。这些是有明确记载的。据此，慕田峪长城不是徐达修建。因为明开国大将徐达逝世于 1385 年，他不可能在死后 19 年建慕田峪关，也不可能在死后 160 多年修慕田峪长城的墙体，更不可能在死后 180 多年修空心敌台。所以，慕田峪长城无论关隘、墙体，还是附属设施的修筑都与徐达无关。

↑ 慕田峪长城

那么是不是戚继光修的呢，也不是。慕田峪关肯定不是戚继光修，因为该关修建时戚继光还没有出生。慕田峪关建于1404年，124年后的1528年戚继光才出生。边城和附墙台也不是戚继光建，因为修建边墙和附墙台的1551年，戚继光是山东登州卫挥挥佥事，未曾到过慕田峪。空心敌台建于1569—1573年，这期间戚继光是蓟镇的总兵官，所管辖的地区不包括慕田峪，所以慕田峪的空心敌台也不是戚继光所修。

那么慕田峪长城到底是谁建的呢？慕田峪关的修建者现在还难以确定。慕田峪边城和附墙台的修建者当是成勋。1551年管建边城的有蓟辽总督何栋，顺天巡抚吴嘉会和蓟镇总兵官成勋，具体组织施工的当是成勋，慕田峪长城空心敌台的修建者是杨四畏，因为1569—1573年管辖慕田峪长城地区是昌镇总兵官杨四畏，是他组织修筑的。当然慕田峪长城也同其他长城一样不是一次建起来的，这里说的成勋、杨四畏只是开始建墙、台的人，以后肯定又经过多次的整修或增修。

文化古迹寻真

小雁塔四离三合之谜

小雁塔是西安的著名旅游胜地,但不少旅游者却没有注意到小雁塔为什么会四离三合。小雁塔位于西安市城南1.5千米处,在原唐城内安仁坊所在地的荐福寺内,至今已有1000多年的历史。该塔采用密檐式砖结构建筑,造型秀丽,蔚为壮观。初建有15级,现在13级,高45米。小雁塔底层北门楣有明嘉靖三十年"三鹤刻石"的刻石题字,上面这样写道:"荐福寺塔肇自唐,历宋、元两代,明成化末长安地震,塔自顶至足中裂尺许,明澈如窗户,行人往往见之。正德末地再震,塔一夕如故,若有神合比之者。……"这里明确记载了小雁塔的第一次自裂自合。原来小雁塔是在一次地震中裂开,又在另一次地震中自行将裂缝闭合上的,真是奇怪之极。

清初著名学者贾汉复、王士祯等人记述小雁塔的另一次裂合:"荐福寺塔……十五级,嘉靖乙卯(1151年)地震裂为二,癸亥(1563年)地震复合无痕,亦一奇也。"这第二次的裂开,与前次时间相距不到5年,经过了8年又第二次自然复合起来了。清道光十八年(1838年),钱咏在其著作《履国丛话》中又有这样的记载:"西安府南十里有雁塔,嘉靖乙卯地震,塔裂为二,癸亥复震,塔合无痕。康熙辛末(1691年)塔

↑ 西安小雁塔

又裂，辛丑（1722年）复合，不知其理。"后面记载的是前一次砖塔复合128年后小雁塔又一次裂开，再经30年后自然复合的第三次裂合事实。一个砖塔经过6次地震不倒塌，反而自然复合起来，确是一件令人难解的奇事。第四次裂开虽无具体时间记载，但是是新中国成立后许多人共睹的事实，自顶至足有0.3米宽的裂口，后经西安市人民政府进行加固和整修，才恢复了原来的旧貌。

　　小雁塔的自裂自合共有三次，这到底是怎样形成的呢？近年来有人推测：小雁塔的离合和西安地区地面裂缝的发展和消亡的机理是一样的，是地壳运动在不同物体上的不同表现，是一种"同质异相"，即地裂、塔裂、地合、塔合。一般裂开时要快速猛烈一些，容易被人们注意到；而合拢起来则要缓慢得多。地壳在均衡和调整应力的作用下，会自动缓缓地合拢。由于合拢的速度慢，所以一般不为人们所注意。这种以地壳运动引起小雁塔的离合之说，还不能完全令人信服。因为除了小雁塔之外，西安地区在同小雁塔离合的6次地震中，并没有其他自动离合的例子出现，为什么独独小雁塔会四离三合呢？也许当科学更加发达以后，小雁塔的离合之谜就会被揭开了。

天坛坐西朝东的斋宫

在天坛里，有一处"小皇宫"，这座"小皇宫"就是位于天坛西侧的"斋宫"。天坛是明清两代皇帝祭天的地方。每年的冬至，皇帝要到天坛祭天，祈祷五谷丰登。

按古礼，皇帝须在祭天的前三天，到斋宫进行斋戒。这三天里，不吃荤、不饮酒、不近女色、不听音乐、不理刑事等等，对于一向锦衣玉食、纵情声色的皇帝来说，这当然无异于囚禁。于是，在雍正以后，又在紫禁城内另建一所斋宫，每逢祭天，先在宫中"致内斋"，到举行祭礼的前两三个时辰，才到天坛的斋宫"致外斋"。由此看来，天坛的斋宫成了皇帝祭天前的休息之地。

天坛的斋宫在祈年殿西南，圜丘西北，三处成鼎足之势。

紫禁城有两道城墙——皇城与紫禁城，天坛的斋宫也有两道城墙：外有砖城，内有禁墙。环绕紫禁城的有护城河，内有筒子河，环绕天坛斋宫的，在砖城与禁墙外也各有一条护城河。横架在两条河上各有三座汉白玉桥。而且在砖城四角，各有驻军的房屋五间，也与紫禁城四座角楼相似。足见其建制同于紫禁城，只是规模小得多。

走进天坛斋宫两道宫门后，坐西朝东有五间大殿，绿琉璃瓦，重檐斗拱，雕梁画栋，整个建筑庄严华丽，这是斋宫的正殿。殿前左边石亭中，供有铜人一个，据说是唐太宗的宰相魏征，他手捧写有"斋戒"二字的牌子，提醒皇帝勿忘斋戒。右边的石亭中放着时辰牌子，告诫皇帝按时辰斋戒、祭天，切莫错过时间。

  按明、清两代的制度，皇帝所居一律坐北朝南，全部宫殿门廊都用黄琉璃瓦，何以天坛的斋宫却坐西朝东？原来这些皇帝自命为奉天承运的"天子"，既然是"天"之"子"到天坛来祭天，不啻是儿子来祭父亲，当然不能妄自尊大，所以斋宫只能坐西朝东，而且要用绿琉璃瓦了。

↑ 天坛

瀛台与光绪帝

光绪皇帝推行变法、力图振兴，结果在瀛台被囚十年之久，称为当时最高级的囚徒，实在是悲剧人物，人们或许要问：瀛台何在？何以竟能成为堂堂皇帝的囚笼？

瀛台在北京城中，在中南海的南海里。它四面环水，实为一小岛，北部有一木桥与陆地相连。中心建筑为涵元殿，并有许多亭台楼阁和奇石树木。它初建于明代，命名为南台，清顺治年间修葺扩建后，改名为瀛台，当年康熙和乾隆曾多次在此听政、赐宴。

戊戌政变以后，慈禧太后盛怒之下把光绪帝囚禁于涵元殿。涵元殿为瀛台正殿，坐北面南。北有涵元门与翔鸾阁相对，南有香宸殿与迎熏亭相

↑ 瀛台

望，隔海便为新华门。建筑规模虽不如紫禁城，却也富丽堂皇。但是，自从光绪帝被囚于涵元殿，此地便被凄凉、惨淡气氛所笼罩。光绪帝除每天清晨被拉去陪慈禧上早朝外，其余时间便被囚禁在此，严禁外出。侍奉光绪帝的太监，均经慈禧的心腹李莲英亲自挑选，对光绪帝名为服侍实为监视。据说某年的冬季，南海水面已经结冰，一天，光绪帝微服出行，孰知刚走不远，便被守门人发现，即被"跪阻"返回。事后，慈禧太后闻知此事，居然命人把水面的冰凿开，以防光绪帝逃走。

光绪帝被囚瀛台期间，身心备受折磨。据说涵元殿那纸糊的窗户破了之后，竟没人给补一补，这在北国严寒的冬天，确实是令人难以忍受的。光绪帝在凛冽的朔风中竟冻得浑身发抖，手足麻木。光绪帝登基以后，未能励精图治，复兴祖业，自身也落到"欲飞无羽翼，欲渡无舟楫"的地步，难怪他要不时慨叹："我不如汉献帝！"尤其令光绪帝难堪的是，慈禧太后为了从精神上折磨光绪帝，竟把光绪帝唯一宠爱的珍妃打入冷宫，并永远不准光绪帝与她相见。

光绪皇帝在瀛台的囚禁生活中，度过了他生命的最后岁月。直到光绪三十四年十月二十一日先于慈禧太后一天死于涵元殿东室，结束了他的一生。由于他的死与慈禧太后仅相差一天，因而有人怀疑是慈禧太后把他害死，也有人说是袁世凯用毒药把他毒死。这都只能是历史疑案了。

"龙潜福地"雍和宫

雍和宫位于北京市区东北角，清康熙三十三年（1694年），康熙帝在此建造府邸、赐予四子雍亲王，称雍亲王府。雍正三年（1725年），改王府为行宫，称雍和宫。雍正十三年（1735年），雍正驾崩，曾于此停放灵柩，因此，雍和宫主要殿堂原绿色琉璃瓦改为黄色琉璃瓦。又因乾隆皇帝诞生于此，雍和宫出了两位皇帝，成了"龙潜福地"，所以殿宇为黄瓦红墙，与紫禁城皇宫一样规格。乾隆九年（1744年），雍和宫改为喇嘛庙，特派总理事务王大臣管理本宫事务，无定员。可以说，雍和宫是全国规格最高的一座佛教寺院。

雍和宫由牌坊和天王殿、雍和宫大殿（大雄宝殿）、永佑殿、法轮殿、万福阁等五进宏伟大殿组成，另外还有东西配殿、"四学殿"（讲经殿、密宗殿、数学殿、药师殿）。整个建筑布局院落从南向北渐次缩小，而殿宇则依次升高。形成"正殿高大而重院深藏"的格局，巍峨壮观，具有汉、满、蒙、藏民族的特色。

雍和宫南院伫立着三座高大碑楼、一座巨大影壁和一对石狮。过牌楼，有方砖砌成的绿荫甬道，俗名辇道。往北便是雍和宫大门昭泰门，内两侧是钟鼓楼，外部回廊，富丽庄严，别处罕见。鼓楼旁，有一口重

↑ 雍和宫

　　八吨的昔日熬腊八粥的大铜锅，十分引人注目。往北，有八角碑亭，内有乾隆御制碑文，陈述雍和宫宫改庙的历史渊源，以汉、藏、满、蒙四种文字书写，分颗于左右碑。

　　雍和宫全景两碑亭之间，便是雍和门，上悬乾隆皇帝手书"雍和门"大匾，相当于汉传佛教的山门、天王殿。殿前的青铜狮子，造型生动。殿内正中金漆雕龙宝座上，坐着笑容可掬、袒胸露腹的弥勒菩萨塑像。大殿两侧，东西相对而立的是泥金彩塑四大天王。天王脚踏鬼怪，表明天王镇压邪魔、慈护天下的职责和功德。弥勒塑像后面，是脚踩浮云，戴盔披甲的护法神将韦驮。

　　出雍和门，院中依次有铜鼎、御碑亭、铜须弥山、嘛呢杆和主殿雍和宫。主殿原名银安殿，是当初雍亲王接见文武官员的场所，改建喇嘛庙后，相当于一般寺院的大雄宝殿。殿内正北供三尊高近两米的铜质三世佛像。三世佛像有两组：一组是中为娑婆世界释迦牟尼佛，左为东方世界药师佛，右为西方世界阿弥陀佛。这是空间世界的三世佛，表示到处皆有佛。空间为横向，所以又叫横三世佛。各地大雄宝殿供三世佛的，多为横三世佛。雍和宫大殿的三世佛则表示过去、现在和未来的时间流程，说明无时不有佛，即中为现在佛释迦牟尼佛，左为过去佛燃灯佛，右为未来佛弥勒佛。空间为宇，时间为宙，意为宇宙无处不佛。正殿东北角供铜观世音立像，西北角供铜弥勒立像。两面山墙前的宝座上端坐着十八罗汉。大殿前院中两庑是"四学殿"。

出雍和宫大殿，便是永佑殿，单檐歇山顶，"明五暗十"构造，即外面看是五间房子，实际上是两个五间合并在一起改建而成的。永佑殿在王府时代，是雍亲王的书房和寝殿。后成为清朝供先帝的影堂。永佑是永远保佑先帝亡灵之意。殿内正中莲花宝座上，是三尊高2.35米的佛像，系檀木雕制，中为无量寿佛（即阿弥陀佛），左为药师佛，右为狮吼佛。出永佑殿，便到法轮殿。左右两侧为班禅楼和戒台楼。法轮殿平面呈十字形，殿顶上建有5座天窗式的暗楼，有5座铜质鎏金宝塔，为藏族传统建筑形式。法轮殿是汉藏文化交融的结晶。殿内正中巨大的莲花台上端坐一尊高6.1米的铜制佛像，面带微笑，是藏传佛教黄教的创始人宗喀巴大师。这尊铜像塑于1924东牌楼为"慈隆宝叶"、"四衢净辟"年，耗资20万银元，历时两年才完成。宗喀巴像背后，是被誉为雍和宫木雕三绝之一的五百罗汉山，高近5米，长3.5米，厚30厘米，全部由紫檀木精细雕镂而成。五百罗汉山前有一金丝楠木雕成的木盆，据说当年乾隆帝呱呱坠地后三天，曾用此盆洗澡，俗名"洗三盆"。

出法轮殿，便是高25米，飞檐三重的万福阁。其两旁是永康阁和延绥阁。两座楼阁有飞廊连接，峥嵘崔嵬，宛如仙宫楼阙，具有辽金时代的建筑风格。万福阁内巍然矗立一尊迈达拉佛（弥勒佛），高18米，地下埋入8米。佛身宽8米，是由六世达赖喇嘛的进贡礼品，用整棵名贵的白檀香木雕成。据说乾隆帝为雕刻大佛，用银达8万余两。这尊大佛也是雍和宫木雕三绝之一。还有一尊木雕三绝在万佛阁前东配殿照佛楼内，名金丝楠木佛龛，采用透雕手法，共有99条云龙，条条栩栩如生。

三山五园之颐和园

颐和园原是清朝帝王的行宫和花园，前身清漪园，是三山五园中最后兴建的一座园林，始建于1750年，1764年建成，面积290公顷，水面约占四分之三。乾隆帝继位以前，在北京西郊一带，已建起了四座大型皇家园林，从海淀到香山这四座园林自成体系，相互间缺乏有机的联系，中间的"瓮山泊"成了一片空旷地带。乾隆十五年（1750年），乾隆皇帝在这里改建为清漪园，以此为中心把两边的四个园子连成一体，形成了从现清华园到香山长达二十公里的皇家园林区。咸丰十年（1860年），清漪园被英法联军焚毁。光绪十四年（1888年），慈禧太后以筹措海军经费的名义动用3000万两白银重建，改称颐和园，作消夏游乐地。到光绪二十六年（1900年），颐和园又遭"八国联军"的破坏，烧毁了许多建筑物。光绪二十九年（1903年）修复。后来在军阀混战、国民党统治时期，又遭破坏，1949年之后政府不断拨款修缮，1961年3月4日，颐和园被公布为第一批全国重点文物保护单位，1998年11月被列入《世界遗产名录》。2007年5月8日，颐和园经国家旅游局正式批准为国家5A级旅游景区。2009年，颐和园入选中国世界纪录协会中国现存最大的皇家园林。颐和园拥有多项世界之最、中国之最。

颐和园集传统造园艺术之大成，万寿山、昆明湖构成其基本框架，借景周围的山水环境，饱含中国皇家园林的恢弘富丽气势，又充满自然之趣，高度体现了"虽由人作，宛自天开"的造园准则。颐和园亭台、长廊、殿堂、庙宇和小桥等人工景观与自然山峦和开阔的湖面相互和谐、艺术地融为一体，整个园林艺术构思巧妙，是集中国园林建筑艺术之大成的杰作，在中外园林艺术史上地位显著，有声有色。

颐和园景区规模宏大，占地面积2.97平方公里（293公顷），主要由万寿山和昆明湖两部分组成，其中水面占四分之三（约220公顷）。园内建筑以佛香阁为中心，园中有景点建筑物百余座，大小院落20余处，3555间古建筑，面积70000多平方米，共有亭、台、楼、阁、廊、榭等不同形式的建筑3000多间。古树名木1600余株。其中佛香阁、长廊、石舫、苏州街、十七孔桥、谐趣园、大戏台等都已成为家喻户晓的代表性建筑。

园中主要景点大致分为三个区域：以庄重威严的仁寿殿为代表的政治活动区，是清朝末期慈禧与光绪从事内政、外交政治活动的主要场所。以乐寿堂、玉澜堂、宜芸馆等庭院为代表的生活区，是慈禧太后、光绪帝及后妃居住的地方。以万寿山和昆明湖等组成的风景游览区。也可分为万寿前山、昆明湖、后山后湖三部分。以长廊沿线、后山、西区组成的广大区域，是供帝后们澄怀散志、休闲娱乐的苑园游览区。前山以佛香阁为中心，组成巨大的主体建筑群。万寿山南麓的中轴线上，金碧辉煌的佛香阁、排云殿建筑群起自湖岸边的云辉玉宇牌楼，经排云门、二宫门、排云殿、德辉殿、佛香阁，终至山巅的智慧海，重廊复殿，层叠上升，贯穿青琐，气势磅礴。巍峨高耸的佛香阁八面三层，踞山面湖，统领全园。碧波荡漾的昆明湖平铺在万寿山南麓，约占全园面积的3/4。

文化古迹寻真

昆明湖中，宏大的十七孔桥如长虹偃月倒映水面，湖中有一座南湖岛，十七孔桥和岸上相连。蜿蜒曲折的西堤犹如一条翠绿的飘带，萦带南北，横绝天汉，堤上六桥，婀娜多姿，形态互异。涵虚堂、藻鉴堂、治镜阁三座岛屿鼎足而立，寓意着神话传说中的"海上仙山"。阅看耕织图画柔桑拂面，豳风如画，乾隆皇帝曾在此阅看耕织活画，极具水乡村野情趣。与前湖一水相通的苏州街，酒幌临风，店肆熙攘，仿佛置身于二百多年前的皇家买卖街，谐趣园则曲水复廊，足谐其趣。在昆明湖湖畔岸边，还有著名的石舫，惟妙惟肖的铜牛，赏春观景的知春亭等景点建筑非常好。后山后湖碧水潆回，古松参天，环境清幽。

1998年12月2日，颐和园以其丰厚的历史文化积淀，优美的自然环境景观，卓越的保护管理工作被联合国教科文组织列入《世界遗产名录》。颐和园于1987年被批准为世界文化遗产。

↑ 颐和园

Part 5
探秘古文明

新谜不断的古埃及

露出沙面的宏伟建筑，千年的巨人石像凝视着尼罗河，涂满神秘符号的陵墓在帝王谷沉睡，上布利翁（埃及传说中最高的神）把钥匙交给埃及学家。人们似乎了解了古埃及……然而，埃及又给一个人类永远难以读解的疑团，令人费解的新谜不断出现。

有的人类学家都认为埃及文化的源头是苏美尔文明。然而埃及的一切似乎是一夜之间就出现了：公元前4000年，埃及不容置疑地有了文字，立即产生了中央集权的城市体系。而苏美尔文明却产生于公元前3000年，之后1000年文字才出现。

公元前3000多年，埃及忽然发生遍及全国的战争。战火一停，科学、文化从天上掉了下来，没有任何孕育过程：金字塔出现了，黄金出现了，铜器遍及每个角落。埃及的工艺品从一出现起就完全至极，今人无法出其右。借战争让古埃及突起是什么人的构思？

从飞机上鸟瞰埃及大地，线条笔直，误差不足20厘米的水坝和灌溉水渠遍布田野。最令人称奇的是，这些设施能依季节和人的需要自动开闸．不要以为这是今人的创造，这是6000多年前的古迹。苏美尔没有这样的设施。

古埃及人最令人称奇的还有医学。一本药剂计算专著至今仍为现代人所用。外科手术在古埃及广泛开展。据记载，共有10种开颅手术，治愈率高达90%。同样的脑外科在现代的成功率要低得多。公元前2000年前，古埃及人即开始治疗结核、天花、小儿麻痹。他们用的是细菌接种自体免疫法，与今天的预防接种异曲同工。当时埃及人与外界并无任何接触，现代人治疗上述疾病又不过100多年历史。他们的治疗方法来源于何方？

古埃及是世界上最早酿酒的地方，比其他地方早出300多年。酒类品种繁多，度数和使用场合却严格控制，有些酒成分至今不明。

最早的油画在埃及。金字塔时代的美丽雕像、壁画所用的颜料造就的浮雕感令人无法赶上，而且其历久弥新，永不褪色。

除了巨大的金字塔，埃及还有更为神秘的纪念碑和辉煌的陵墓。所有的陵墓都有一个共同点：高大、幽深，且无一例外地有一个巨大平台，平台上有古怪的标识。据史料记载：这是波利翁降落的地方。他从哪里来？

埃及还是世界上最早使用澡盆的国家，瓷制的澡盆宽大舒适。古印度人和苏美尔人是在河里洗澡。埃及的公用浴室星罗棋布，有先进的热水和冷水系统。6000年前埃及妇女就有了没有打造痕迹的首饰，香气宜人的香水，无可比拟的彩妆：她们首创的眼影和眼线一直沿用至今，脸部化妆使用了黄金分割率，她们何以能独美？

埃及的历史与众不同，是一部最完整的史书。它有着从不间断的纪念物和记录，不需要考古就能完整地了解历史。古埃及经历过12个朝代，但服装、民俗、宗教从未改变。这在世界上绝无仅有。好像有一只无形的手在左右着一切。

世界上一切最先进的东西都来自古埃及,而古埃及的一切又是"突然"出现的,这不能不令人无法理解。然而,这仅仅是一部分,埃及学者还掌握着更多的令人震惊的疑团。

公元前 4000 年的葬礼上展示了外来民族不请自来的画面,这些外族人有着圆得不可思议的脑袋和高高的身材,他们脚步拘谨,目光炯炯,不同于人们已知的地球人。这些人一直没有成为埃及的长住居民。但在公元前 3000 年的葬礼他们都参加过。

人们很容易想到,这是外星人,这又是一个近期无法证明实的推测,但如果不是外星人,是什么人为古埃及文明"画"出这么多问号呢?20世纪 80 年代初,人们曾在埃及国王谷的古墓中发现了一些用木材制作的模型,引起了不小的轰动。

1987 年,在开罗的古埃及博物馆展出了 14 架这样的飞机,没有一个人把这些飞机误认为是鸟的模型。有人将其按比例放大之后,发现这于当时欧洲广泛运用的"帆船"号飞机一模一样。由于从埃及古墓中发现的模型都有尺寸更大的原物,因此,人们相信沙漠下应有这种飞机的原物。

在这次展览中,法国著名的飞行技师格·梅西哈说:"反 V 角和正角 V 能达到同样要求,剖面图表明,机翼部分呈椭圆形,能使飞行时保持稳定,机身的机翼部分外形可使阻力减少,这是一种非常成熟的机型,而且可以用于太空。"

飞机的能源或驱动装置一直是个谜。有人认为可能是激光,也有人认为是地心能源。不管是哪一种能源,应该都不是已知的人类文明可以产生的。

在埃及丹德拉的哈索神庙里,有一块古埃及的壁雕。壁雕上几个人手持巨大的"灯泡",有灯芯,有电缆和开关,而且电缆是多级串联电缆,你不需用任何的想象力,不带任何的偏见,就能看出这于现代人使用的电器完全一样。

世界上已知最早的岩石壁画在欧洲,最晚的也在欧洲,这些壁画或浮雕的照明是用火炬或油灯。然而,无论是公元前 8000 年或公元前 4000 年的古埃及的所有壁画,都没有火炬或油灯烟熏的痕迹。而有的壁画或浮雕深藏在隧道深处,自然光永远不可能进去。

当拿破仑入侵埃及时,长期不为人所知的大金字塔汇集的知识引起了人们的注意:法国的工程技术人员发现金字塔的各个边准确地把基本方位和经度自午圈连成一条线,穿过金字塔的三角形顶点。

今天我们使用的长度单位 1 米是子午线的一万分之一,而古埃及人

↑ 古埃及建筑令人惊叹

用的 50 英寸的 B 形库比特比米制更精确。它是以特级轴长度为基础的，而不是任何一条子午线为基础，因为，子午线会随着地球轮廓的差异而变化。精确至此的计量单位人脑应当想不出来。

计算金字塔内国王的寝宫，得出其面积为两个基本的毕达哥拉斯（古希腊著名的哲学家和数学家）三角形，勾、股、弦分别为 2、5、3 和 3、4、5。而大金字塔在毕达哥拉斯之前好几千年前就建成了。金字塔似乎是一本百科全书。

人们不禁要问：为什么非要建造如此巨大如此复杂的建筑物来传授这些知识呢？当然它文字或其他东西更易保存。因此有人提出一种推断：当探险家从空间到达地球，或从地球发射的空间探测器到达其他文明星球，这些数学知识可能会成为有效的联络手段。

开罗阿莱姆斯大学的阿姆尔·戈赫得博士曾经做过多项测试，发现大金字塔周围残存着许多磁力和磁性转换想象。结合拉姆西斯庙宇入口处的辐射能，人们得出一个结论：古埃及巨石建筑的制作者千方百计地想保护古埃及。

古埃及的一切是什么人建造的？又是建造给什么人看的？十分令人费解！因为自有人类文明史以来，到今天高度现代化时代，人类所走过的历程都可以在埃及找到榜样，埃及应该是一个全息缩影，它向我们还不知道的对象，展示着地球的一切。

印度河文明的谜团

4500 年前,哈拉帕和摩亨约·达洛等城市在印度河谷地区,富庶繁荣,盛极一时。这两座城市有可与现代工程媲美的排水系统,还有按照四方网格设计的整齐街道,不愧为城市设计的杰作。建造这两座城市的人民,也建立了一个帝国。但是他们的社会组织、宗教信仰和风俗习惯,全是个谜……等到有人能辨认他们那种奇怪的象形文字时,才有希望解开这个谜。

在维多利亚女皇时代,兴建一条铁路就是进步的象征。这是使一个国家进入现代化的建设。19 世纪印度兴建铁路时,竟然出乎意料地揭露出不少古代秘密,把印度文明的起源向前推了约 2000 年。

东印度铁路公司的工程师约翰和威廉·布伦顿兄弟,在印度河谷砂质冲积土壤上铺设轨道时,遇上了困难。据约翰事后追记:"1856 年我一再动脑筋想着怎样去找这条铁路路基需用的道碴。"随后他听说,距铁路线不远的地方,有一座名叫布拉明纳巴德的古城遗址。他前往巡视,发现该城用烧制精良的硬砖建造。他又说:"离去时我深信这里就是个大石场,有我需要的道碴。"这样一来,布拉明纳巴德就变成了目前这个破烂的样子了。

在北面，威廉那段铁路线到达另外一座古城遗址附近。古城遗址上的砖，早已被人拿去建造了现代的哈拉帕村。古城只剩下几座光秃的土丘。威廉也仿效哥哥约翰的方法，搜寻史前哈拉帕废墟残余的砖头用作道碴。结果他们毫不费力，就得到了建造93英里铁路所需的上好道碴。

除了砖以外，工人还掘出少量古物，包括用冻石刻的印章。其中一枚印章引起亚历山大·坎宁安爵士的注意。坎宁安是一位将军，也是考古学家，1856年到过哈拉帕。那枚印章上刻着一只公牛和一种陌生文字。这位将军认识到这是项重大发现，不过直到1872年担任"印度考古查勘团"团长时，才能到那个地区去进行发掘工作。他这项发现的消息则迟至1875年才公布，距离实际发现时间已将近20年。事后，考古工作销声匿迹，没有人再加以理会。

1920年以前，专家都认为印度文明的起源，应该在公元前327年，亚历山大大帝远征印度大陆前的数百年间。已知印度最早由村落发展为城市的遗迹，是拉查格里哈那些不用灰泥垒石而成的大石墙。学者推定其年代为公元前6世纪。

20世纪初叶，印度考古学家约翰·马歇尔爵士把坎宁安将军的印章和哈拉帕的其他古印章加以比较研究。由两者的特点看出，哈拉帕文明的年代要比过去想象的更古。1920年，马歇尔派了一位印度考古学家雷·巴哈杜·达雅·拉姆·萨尼，着手发掘哈拉帕那些土丘。这位印度考古学家的发现，替马歇尔的论断找到了证据。马歇尔曾断言，亚历山大大帝入侵之前，"印度有过一个灿烂辉煌的文明，历时至少一千年之久"。当时还没有发现比拉查格里哈那些大石墙更古老的建筑物，因此尽管马歇尔的论断极为大胆，他的估计还是把印度的文明估迟了一千多年。

文化古迹寻真

1922年，马歇尔队中的另一位印度考古学家，在哈拉帕以南大约350英里的摩亨佐·达罗，开始发掘一些大土丘。这两个地方的发掘工作，一直进行了几年，终于发现两座古城的遗迹极为相似，显然同属一种文明的遗物。在印度传说中，还没人提过这种文明。

现在看来，这个文明似在公元前2500年发端，到公元前1500年左右没落。这两座主要城市所遭遇的命运，显然并不相同。虽然有证据显示，它们那些复杂的城市建设、惊人的社会和经济基础，都是蓦然出现的，但是这两座城市似乎在这个文明没落前已遭放弃，时间大概早在公元前2000年。可惜，现代考古学家仍然对这两座城市在什么情况下趋于没落未能探明答案。

这个文明称为印度河文明，印度河孕育这个文明，或许也毁灭了它。这个文明也称为哈拉帕文明，因发现的第一个城市遗址而得名。这个文明在全盛时期，传播很广，远达印度河谷以外的地方，范围比现今在美索不达米亚地区各国总面积或旧埃及王国大得多。

数十年来，在发掘这个文明的遗迹时，许多谜团相继出现。就像一个庞大的拼图游戏，每一项新发现，非但不能提供线索解决全盘问题，反而因为引起新见解而使问题更加弄不清楚。每项解释总有疑点。发掘出来的是什么建筑物和有什么用途，发现的文字，以及这个社会的经济、社会和宗教概况等等，无一不是个难解的谜。还有一个问题就是：这样一个组织健全的文明，为什么会突然兴起，然后又神秘灭亡？

哈拉帕和摩亨佐·达罗各占地数百英亩，已知是印度河文明中的两个最重要的城市。此外，还有近百个已知的遗址，或同属印度河文明，或曾深受其影响。这些遗址中，极少有超过24英亩的。大多数位于今日的巴基斯坦，也有些在印度。

至今已发掘过的遗址中，看得出发展的步骤大致相同。这种相似的现象表示印度河文明是一个整体。这种发展的步骤，在摩亨佐·达罗还没找到确实证据，原因是该地低层深埋在泡水的淤泥里，还未进行发掘。但是在隔河相对的科迪吉，发展过程的完整遗迹已经发掘出来了。

印度河谷人类聚居的地方，设计很有规律，街道垂直相交。建筑物设计及建筑材料，完全以实用为目的，装饰物不多。较大的城镇似乎都划分成若干区，每区居民以从事某一行专业的工人为主。

由此可以断定，在建造城市前，已经作过颇为全面的构想，不容增减或修改。卫生及公用设施方面，都经过周详的考虑。总而言之，印度河古城是城市设计的最早实例。

哈拉帕靠近印度河支流拉维河的旧河道，摩亨佐·达罗则在印度河旧河床的岸边。这两座城市的设计和方位大致相同。西面都有一个长方形高丘，东面都有一个较低、较宽、不大、等边的土丘。大多数居民可能住在东部地区。

西面那些较高的土丘似是政治中心和宗教中心，不过是什么形式的宗教和政体就不得而知了。在摩亨佐·达罗发现过一些奇怪的建筑物，其中最特殊的，无疑是"大浴池"和"粮仓"。大浴池大致是长方形，长20英尺，宽40英尺。最使人惊讶的就是浴池的注水排水系统和砌砖的精细接缝。浴池底部和四边的砖块，都用石膏灰浆砌合，外面涂上一层沥青，然后再砌一层砖块。这样就可以不漏水了。浴池周围有一列小盥洗室，各室一边设有狭窄的进口，室内地面建造精细，与环绕浴池的排水沟相连。摩亨佐·达罗那么大的城市，人口那么多，相形之下，这座浴池显然是太小了。考古学家因而都认为，大浴池只能容纳很少的人。这样看来，大浴池的功用似乎是在宗教方面的，不是用来沐浴身体，而是用来洁净灵魂。

　　印度河谷的古城好像没有专供礼拜用的祭坛遗迹，不过考古学家认为，摩亨佐·达洛有一座建筑物可能是神庙。粮仓很可能是堆栈或库房，用以储存农民缴纳的实物。有人认为，为公共建设雇佣的大量劳工，或许是以谷物支付工资。

　　哈拉帕和摩亨佐·达罗的统治阶级，可以从较为宁静的城堡上，监视在平地及低洼地区做工的子民。他们在城堡围墙后面，避免遭受侵袭，也能躲避一下时常泛滥无定的河水。这些城堡令人觉得：这不是一个民主平等的社会，就像绝大多数的原始文明社会一样，是一个军权和神权统治的社会。

　　在摩亨佐·达罗，可以看到较低处那个市区里的许多情况。该地一度不过是片废墟，今天整个地区都已掘开。市区建于一个四边形的土丘上，距城堡的东侧220码。至于两个土丘之间那块土地的用途，考古学

↑　哈拉帕城市文化遗址

家们曾有不少假设，但是都难令人完全满意。最可信的推测是：当年印度河河道距城很近，不像现在那样隔了一段距离；在市区对着城堡那边所发现的坚固堤防，则是供水用的一条运河或印度河一条支流的河堤。

据推测，摩亨佐·达罗全盛时期，人口有4万多人。对一个以农业及家畜为主要经济来源的时代和地方来说，这个数字相当可观。这座城市本身是个与广大地区有密切关系的大商埠。

除了范围广阔之外，市区街道的四方网格排列更使人惊奇。大约有10码宽的街道南北、东西垂直交叉，构成大小约略相等的长方形建筑面积。由此自然推想到，摩亨佐·达罗的居民，与现代美国人一样，用相距几条街的说法来测量距离。虽然从科学观点来看，这种推测或许不尽正确，但不失为一种方便的测距离方法。

市区建筑物在习惯上，临街那边墙上都不开窗，这一点与中东及亚洲的城市较为相似，但与美国的习惯不同。因此所有大门都开在巷内，巷宽有的达3码。这样一来，家家户户都能避开好奇者的窥视，以及尘埃飞扬的大街。大街上白日里牛车辚辚，商贩吆喝叫卖，确是熙攘喧闹。

摩亨佐·达罗城除面积广阔、街道整齐外，还有一项同样令人赞叹的特点：它设有复杂的排除污物及污水的下水道系统。摩亨佐·达罗人民的公共和私用卫生设施，发展得极好，在上古时代固然无与伦比，甚至今天世界的许多地区也望尘莫及。举例来说，大小住宅多半装有特制的垃圾滑运道，建在一座外墙里面，直通往大街。把废物放入滑运道滑到屋外的街边小沟，小沟又接上地面下的中央下水道系统。

整个中央系统，每隔一段距离分设沉积坑。用途是收集一些最大的污物，以免阻塞主要通路。此外，全城到处都有井，有的是街井，属公用；有的是屋井，属私人专用。

摩亨佐·达罗及其他城市的生活情形是怎样的呢？有人认为是简朴刻苦，注重经商和劳动，并不讲求享乐、艺术和舒适。所有房屋的基本图样都一样。贫富之分只在于房子的大小和几项技术上的优劣而已。整体来说，有种完全一致的观感，几乎所有房屋都是一式一样。砖墙绵延几里，就会有平淡呆板的感觉；况且除了街道和摩亨佐·达罗的一所可能是食堂的地方以外，别无其他聚会场所，这更增加了单调的感觉。

稍后重建的房屋，仍严格遵守同样的基本格局，不过到了最晚期，以前仅在城市偏远地区发现的工匠用的设备，也在公共街道上发现。这就表示在印度河文明发展的大部分时期，工匠都在自己的地区生活和工作。这并不是工匠们自己的意愿，而是由专制政权颁下的明令规定。

从城市的全盘设计看不出哈拉帕人的特点。但从他们的日常用品，譬如陶器、玩具及砝码，甚至那些刻着神秘文字的印章等的细节上，很易看出一点端倪。

制造这些物品最常用的材料是赤土。在陶器外面涂上一层美丽而光亮的红色物质，绘上各种黑色的装饰图案花纹，有抽象的几何图案，也有自成一格的绘画图样。大多数是动植物，人物则较少。从出土的大量陶器来看，当时已出现有组织的工业，不过仍是陶工在转盘前面弯着腰操作的手工业。

从出土的大量黏土小像、玩具和祭祀用品中，见得到该城居民的体形及面部表情。其中许多是妇女，不是女神就是舞蹈者，佩戴宝石，发式精致。但也有些普通家庭主妇和慈母在忙着操持日常家务的塑像。

女人像几乎都裹着缠腰布，而男人像则常为裸体。除人像外，还有些手推车和家畜模型，头部常有活动关节，相信是哈拉帕孩子用绳拉着玩的。从这些物品可以推想出当时的日常生活概况。

最先引人对这个遗迹发生兴趣的那些印章,后来出土的数量非常多,好像当时每个家庭都可能有自己的印章。印章为方形,通常都刻上一种动物的图形,还刻有文字,行文似是由右至左。

到目前为止,还无法译读这些文字。已列出的字数约有 400 个,但由于没有其他文献印证,语言学家的研究距离了解这种象形文字的意义,还相差很远。

学者曾多次尝试译读这种文字,其中一次还取得了一些出人意料的成果。一批芬兰语言学家认为,读印度河印章的文字应该像猜谜或双关语那样,又认为形象符号本身,如鱼、各种不同姿势的人像等等,并不是指图形代表的物体本身,而是代表那种物体名字的谐声。比方说,代名词"余",用一条鱼的图形来代表。可是在发现可以用来对照旁证的文献之前,这个说法还不能成为定论。

印章上的文字译读不出来,也就无法确知印章的用途。不过在商品上打戳记,可能是用途之一。因此,印章很可能是所有权的证明,就跟小牛身上那个牛主烙印一样。

印度河谷的古城,在许多方面仍然神秘莫测。有关哈拉帕文明的确实资料很少,各种论说于是层出不穷。这个文明的灭亡经过,有几种不同的说法。其衰亡很可能有几个原因。有人认为,印度河居民曾下决心控制河水泛滥,可是,结果还是制服不了河水暴涨。另一方面,也有人认为,公元前 1500 年左右雅利安人入侵,造成印度河文明的衰落。这两个论点都不能使研究哈拉帕文明的考古学家完全信服。用这两个论点来说明一个组织这样健全的社会的没落,似嫌过于简单。何况,还有证据显示,在雅利安人到达前的几百年间,这个文明已经普遍衰落。有些人认为,这两个主要城市遭人遗弃,直接与该社会的政治和经济制度都发生解体有关。

　　这个文明鼎盛时期的情况，充其量也只有零星的资料，对于一个这样有条理、有秩序的文明，我们现有的认识竟如此贫乏，想来倒觉得奇怪。这个文明的特质，无疑是受气候酷热及河流泛滥所决定，但也可能是商业变动的结果。

　　许多证据显示，当时贸易蓬勃，范围广远。印度河谷的印章，在苏美尔地区也有发现。位于印度康贝湾上端的洛索尔，是一个繁忙的商业中心，与印度中部内陆地区有密切的贸易关系。已知由哈拉帕人兴建的最大砖造建筑物，即洛索尔的"码头"，大约长230码、宽40码，说明该地也是哈拉帕人的海港。

　　哈拉帕人还有一套完善的度量衡制度。在哈拉帕、摩亨佐·达罗及其他地方的遗址，发现过大量砝码。砝码用各种石头精制而成，大小都有。砝码通常为方形，但也发现过若干平底球形、圆柱形、圆锥形和桶形的。

　　天秤用木造，年代久远都已腐坏，因此难得有所发现。金属或陶器秤盘则发现较多。

　　今后考古学家还要靠自己的才干加上运气来解答这许许多多问题。其中一个是在摩亨佐·达罗发现的一尊人像究竟有什么意义？有人认为那是一位祭师国王。果真如此，那么他是从商人贵族阶级中推举出来的吗？是由他统治一个帝国，抑或印度河文明是由若干自治城市组成的联邦？这个伟大人物信奉什么宗教？

　　在印章上可能会找到一条有趣的线索。有些印章刻着一个长角的图像。有人认为，这是印度教多臂神"大自在天"的早期相貌。因此，印度河谷古城的居民，当时可能已经有了神祇的观念，并发明了一种文字。

我们目前所知很有限，无法作出较为明确的解释，但是也不必因此而气馁。由于这许多谜团的出现，考古学才不失为一门活的科学。这门具有挑战性的科学，不仅仅是依循一套成规定则，推出死板的结论。在考古研究的工作中，想象力、灵感，还有运气，仍然是成功的要素。

印度河河水孕育出来的文明，全赖居民不断地抗洪才发扬起来。哈拉帕与摩亨约·达洛这两座城市衰微过早，苟延了一段日子便湮没了。个中原因，众说纷纭。有一派学说认为，印度河又一次决了口，大概改了道，冲毁市区的防御堤。印度河把本身孕育出来的城市又亲手消灭了。

↑ 摩亨佐·达罗城市文化遗址

孔雀王朝之谜

孔雀王朝（约前321年—约前187年），即古印度的摩揭陀国的王朝。公元前325年，马其顿国王亚历山大大帝从印度河流撤走，在旁遮普设立了总督，留下了一支军队。这时，旃陀罗·笈多（月护王）率领当地人民揭竿而起，组织了一支军队，赶走了马其顿人。随后，又推翻了难陀王朝，建了新的王朝，定都华氏城。由于出身于一个养孔雀的家族，因此，后来人们把旃陀罗笈多建立的王朝叫孔雀王朝。到了旃陀罗笈多儿子宾头沙罗统治时期，孔雀王朝已控制了印度河平原、恒河平原、孟加拉湾、德干高原以及远达阿拉伯海的广大领域。阿育王就是这强大王朝的继承者之一。公元前3世纪中叶阿育王在位时国势强盛，除印度半岛南端外统一印度全境，定佛教为国教，到处派遣传教士到各地宣传佛教，一时亚非欧三洲都有佛教徒的足迹。经此提倡，佛教遂成为世界重要宗教之一。孔雀王朝约公元前187年为巽加王朝所取代。

这个在亚历山大大帝侵略军撤退之后的废墟上建立起来的印度本土王朝，它的版图一直到16世纪莫卧儿王朝之前都未被超越。这个王朝不但奠定了印度大体上的统一疆域，而且很好地弘扬了印度古典文化，如果没有阿育王，佛教也许只是流传于印度民间的一个宗教团体。

公元前 1000—公元前 500 年的后期吠陀时期，印度—雅利安人进入恒河中下游地区，开始使用铁器。部落共同体逐渐过渡到地域性共同体，奴隶制国家开始形成。据佛经记载，公元前 6—公元前 5 世纪时，印度开始进入列国时代，当时有 16 个邦国，主要的有摩羯陀、迦尸、拘萨罗、俱卢、般遮罗和犍陀罗等。

在难陀王朝统治末期，公元前 327 年，马其顿人亚历山大大帝率军队越过兴都库什山侵入西印度，所到之处都建立了据点。

亚历山大试图征服恒河平原，取道坦叉始罗和拉瓦尔品第，向南部和东部推进，但遭到当地力量的抵抗。

当时恒河平原最强大的势力是摩揭陀国，处在难陀王的统治之下。

到了公元前 325 年，摩揭陀王国的贵族旃陀罗·笈多赶走了马其顿驻军，统一了北印度，征服了恒河流域的大部分地区，建立了统一的奴隶制帝国。

大约在公元前 317 年，出身刹帝利贵族的旃陀罗·笈多，在他的足智多谋的顾问考底利耶的协助下，率军击败了西北印度的马其顿人的部队，并宣布了印度的自由。之后他进抵摩揭陀国的首都华氏城，推翻了难陀王的统治，掌握了政权，建立了孔雀王朝。

公元前 305 年，塞琉古王国入侵印度，战败求和，把大体相当于今阿富汗和俾路支斯坦的大片土地割让给印度。

由于旃陀罗·笈多出生于孔雀宗族，所以此时又称为孔雀王朝。同时由于佛教在此期产生，所以史学上又把这一时期称为"早期佛教时代"。

约公元前 297 年，旃陀罗·笈多去世，其子频头娑罗继位。

旃陀罗·笈多晚年因痴迷于大雄创立的耆那教，绝食而死，帝国第二代国王是与佛陀同时的频毗娑罗。

此期，唯有国王有权拥有常备军和接受贡奉，这些权力标志着刹帝利对婆罗门长期斗争的胜利，但婆罗门仍然拥有宗教大权。

到了旃陀罗·笈多儿子瓶头王（宾头沙罗）统治时期，宾头沙罗在位期间不断向外扩张，据说他曾消灭了16个大城君主，孔雀王朝已控制了印度河平原、恒河平原、孟加拉湾、德干高原以及远达阿拉伯海的广大领域。

公元前273年，频毗娑罗王病逝。为了争夺王位，阿育王兄弟姊妹间展开了残酷的争夺战，阿育王在一些王公大臣的帮助下，成功地夺取了王位。

约公元前269年阿育王即位后，他开始通过武力征伐以扩大王朝的版图，是历史上著名的嗜血君王之一。四处讨伐，开疆拓土，所到之处，生灵涂炭，等待反抗者的命运除了被征服还是被征服。

约公元前262年，在阿育王执政的第八个年头，他开始大举进犯南印度的羯陵伽王国。据铭文记载，羯陵伽王国被征服，其中15万人被俘，10万人被杀，伤者更是不计其数。

阿育王统一了除迈索尔地区外的印度全境，其统治时期成为古代印度史上空前强盛的时代，印度古代奴隶制君主专制的集权统治达到顶峰。

孔雀王朝以其空前强大的国家权力，完成了多项重要的事业。例如，旃陀罗·笈多在全印度修建了发达的道路系统。道路设有驿站，每隔半里建一立柱作标记。阿育王时代又在各条道路两旁植树，隔约3里挖一口井，设立行人休息的处所。在主干道的交叉点附近，设立国家粮仓和仓库，供紧急时使用。此外，为了提高农业产量，帝国还在各地修建了运河和蓄水池，建立了较完善的灌溉体系。

为了向民众贯彻自己的政治理想，他在所统治范围内各地树起许多石柱，刻上诏文，表明自己的决心，希望获得人民的支持。这些诏文是用多种文字写成的，被称为"阿育王诏敕"。这些诏文在印度西北、阿富汗以及东南海岸各地都有发现。有的诏文是刻在磨平的崖岩上的。

孔雀王朝在旃陀罗·笈多统治时期（约公元前324年—前300年），其军事力量已经相当强大。孔雀王朝为加强对各地的控制，还修筑四通八达的驰道。国家有60万步兵、3万骑兵、9000只战象。军队共分5个部门－船队、后勤、步兵、骑兵、战车和战象。总司令掌管军事事务。

孔雀王朝是一个奴隶制国家。其特点是普遍存在着家庭奴隶制，似乎并没有大规模地使用奴隶。只是在村社、矿山和行会中使用奴隶。最普通的奴隶称之为达萨－布尔塔卡。国家的税收主要来自于土地税，小部分来自国内外贸易税。土地为国王所有，多数学者认为国王是土地的唯一主人，少数学者认为当时存在着私人土地所有制。土地税一般是收获物的1/6，有时高达1/4，或低至1/8。在城市中，还征收出生税和死亡税等。国家控制着部分地区的灌溉系统；多数灌溉系统则由农村公社控制。不过，有一种观点认为国家控制着全部的灌溉系统。

孔雀王朝时期生产力有很大提高。铁器的制造和使用已非常普遍。农产品种类增多，农业占有显著优势。纺织、金属加工和造船等手工业都有发展。城市贸易同农村没有联系。印度同中国、两河流域、埃及等地有较活跃的贸易关系。国王是最高权威。下有第一大臣和王子辅佐朝政。另外还有财政大臣和总税务官。设有大臣会议，以供咨询。边远重要地区设总督统治。总督通常由王子担任。从中央到地方设有各级官吏。全国共分4个省（或5个省）。省下设区。地方官吏任期5年。村社是国家的基层单位。村社头人管理村社的行政事务，并负责税收。城市设一最高长官，负责全面事务，下设6个5人小组，分管工艺、外事、征税、商品销售等业务。司法系统分为最高法院和地方法院，大法官负责最高法院。地方法院按行政区划分，共为4级。最低一级的法院由村社行政人员和长老组成。

孔雀王朝的统治是不巩固的。各个地区在政治、经济、文化上都有很大的独立性。因此，这个靠武力统一起来的国家是不能长期维持下去的。尽管阿育王在后期推行了宽松的政策。

孔雀帝国在约公元前232年阿育王去世后，很快就瓦解了，帝国内战频繁，尽管后几位统治者仍定都于原都城华氏城，继续保留着孔雀之名。其势力仅及恒河部分地区。在这个普遍的政治空位期内，最稳定的是印度次大陆的南端地区，阿育王未曾征服的一些王国这时期仍然存在。

约在公元前187年（或公元前185），孔雀王朝末代国王布利哈德罗陀为其部将普士亚密多罗·巽伽所杀。公元前185年，孔雀王朝灭亡，继之而起的是巽伽王朝。

↑ 孔雀王朝遗址

希腊文明的高度

希腊悠久的文明给后代留下了绚丽灿烂的文化遗产,它们是希腊人,也是全人类的无价瑰宝。爱琴海是古希腊文明的摇篮。古希腊文明首先在克里特岛获得发展。克里特文明以岛屿北部的克诺索斯为中心,在公元前2000年中期弥诺斯统治时期臻于极盛。古代希腊作为一个文明古国,曾经在科技、数学、医学、哲学、文学、戏剧、雕塑、绘画、建筑等方面做出巨大的贡献,成为后代欧洲文明发展的源头。

希腊文明是一个失落的文明。它的消逝已离我们生活的时代两千余年。但创造者以其特出的理性和智慧建构起来的巍峨宏阔的文化大厦,至今仍令世人惊叹不已!

希腊文明诞生于巴尔干半岛和爱琴海域,与起源于大河流域尽享水土之利的民族相比,这里的自然条件可谓恶劣,然而就是在这样的环境里,希腊人硬是凭着超凡的智慧和毅力,开辟出一个理想的生存空间,将荒山野岭改造成果木飘香的绿园;使暴虐无常的海域变成了纵横千里、贯通八方、仪态万千、美不胜收的平川。而且就是这个空间,曾构成地中海世界的文化中心,结出了人类文明史上丰硕的果实。

这里曾形成了古代世界堪称发达的外向型经济。半岛虽不宜农耕,却适种果木，盛产葡萄、橄榄和无花果。葡萄可酿葡萄酒，橄榄可制橄榄油，而葡萄酒和橄榄油绝大部分用来出口。这里也有自己的资源优势，但需要聪明的主人去开发利用。在相似的条件下，并非所有的民族都能创造出辉煌的业绩。但希腊人做到了，他们用陶土生产了上乘的陶器，将石头制成了优质的建筑、雕塑材料，远销海外。

至古典时代，这种外向型经济达于繁荣。比雷埃夫斯港是这时地中海世界著名的国际商港，同时是环地中海区的商品集散中心，帆樯林立，熙来攘往，不同肤色、语言、国籍的客商云集于此，南腔北调，意趣盎然，构成了一幅生动活泼的经济图景。在这里，购买外国商品是极容易的事情，正如《剑桥古代史》所说：雅典公民"不仅可以享受阿提卡的橄榄油和葡萄酒，而且可以食用黑海的谷物和干鱼，品尝腓尼基的椰枣和西西里的干酪，可以穿波斯的拖鞋，睡爱尔兰的床铺，枕迦太基的枕头"。

这里曾是一个国家政体形式的百花园。聪明睿智的希腊人几乎创设了当代政治学研究的一切形式：僭主制、寡头制、贵族制、共和制、民主制、君主制等等，一时宛如百花竞放，争奇斗艳，异彩纷呈。在这个百花园中，曾有这样一种政体吸引着人们的兴趣：每个公民都有选举和被选举权，官位轮流充任，一年一选，且大多任期一届，极少连任。这里不采用代表制，不存在使命制，更容不得世袭制，一切都依公民的意志为转移。这是一种真正的、直接的民主，在历史的发展中，它演化为一种精神。

这里曾矗立着一座壮伟的圣殿。圣殿的主人不仅是那个时代而且是整个人类历史上的文化巨人，这些巨人大多在几个专业或领域建有辉煌业绩，甚至开人类历史之先河。在哲学王国里，大师们注重师门的光大与传承，纷纷设坛讲学，建宗立派。从米利都派的诞生到犬儒派的衰落，唯物唯心，无神有神，摩肩接踵，兴亡交替。而从苏格拉底，经柏拉图、到亚里士多德，名师才高八斗，高徒学富五车，更形成一道万世触目的风景。

在文学园地里，希腊神话尤为引人注目。它们如同熟透了的枣子，密集、饱满，伸手可及，唾手可得。它们被编成诗歌、寓言、故事、戏剧，被琢为雕塑，绘成瓶画，广为流传，家喻户晓。希腊神话根植于丰富多彩的社会现实，所以诸神的形象具有鲜明的人性化特征，生动丰满，多姿多彩。在这里，史诗居于重要地位。《荷马史诗》具有重大的文学价值，又蕴含着大量的史学信息，考古学家正是依据这些信史取得了世纪初期惊天动地的考古发现。戏剧是古典时代文学园地的瑰宝。希腊的剧作家都是杰出的文学巨匠，他们将神话故事和社会现实巧妙地编织在一起，以严肃的、嬉笑的、真实的、虚构的、歌颂的、批判的、赞扬的、讽刺的方式或手法表现和展示剧本的情节和过程。

希腊的史学在那个时代取得了举世无双的成就。在希腊神话中，克丽奥女神是司历史之神。人们认为，古典历史学家如希罗多德、修昔底德都是克丽奥女神的使者。他们没有辜负女神的意愿，以自己的如椽之笔制作了《历史》、《伯罗奔尼撒战争史》等皇皇巨著，给我们留下那个时代地中海世界生产、生活、战争、和平等富于动感的场景。这是一个唯美主义的民族。爱琴海的美景无时无处不在激励人们去追求、创造、赞扬美。而在万古流芳的维纳斯雕像诞生后，美从此有了自己的象征和化身。

继维纳斯诞生以后，艺术家们又创造了一座男性雕像——"望楼的阿波罗"。这一雕像的诞生所引发的震撼力丝毫不亚于维纳斯的诞生，人们无不认为，它不仅是古希腊史而且是整个人类史上最伟大的作品之一。而在阿波罗诞生之前，希腊人已经拥有了梅隆的"掷铁饼者"，坡里彻利的"持矛者"等难以计数的稀世珍品。正是这些珍品，装点创造了古希腊城市一道独特的景观。

早在古希腊文明兴起之前约 800 年，爱琴海地区就孕育了灿烂的克里特文明和麦锡尼文明。大约在公元前 1200 年，多利亚人的入侵毁灭了麦锡尼文明，希腊历史进入所谓"黑暗时代"。因为对这一时期的了解主要来自《荷马史诗》，所以又称"荷马时代"。在荷马时代末期，铁器得到推广，取代了青铜器；海上贸易也重新发达，新的城邦国家纷纷建立。希腊人使用腓尼基字母创造了自己的文字，并于公元前 776 年召开了第一次奥林匹克运动会。奥林匹克运动会的召开也标志着古希腊文明进入了兴盛时期。公元前 750 年左右，随着人口增长，希腊人开始向外殖民。在此后的 250 年间，新的希腊城邦遍及包括小亚细亚和北非在内的地中海沿岸。在诸城邦中，势力最大的是斯巴达和雅典。

在希腊城邦向地中海沿岸扩展的同时，西亚的波斯帝国也在扩张，强大的波斯帝国征服了小亚细亚半岛上的艾奥尼亚希腊诸邦。公元前 499 年，小亚细亚半岛上的米利都等希腊城邦发动起义，得到雅典的支持。波斯国王大流士一世在镇压起义后，就准备进攻雅典。公元前 490 年，波斯大军渡海西侵，但在马拉松战役中被人数居于劣势的雅典重装步兵击败。希腊人赢得了第一次希波战争的胜利。

公元前 480 年，波斯国王薛西斯一世率 50 万大军再次进攻希腊。希腊各城邦也结成同盟，共御强敌。希腊联军的陆军以斯巴达人为主力，海军则以雅典舰队为主。希腊陆军在温泉关阻击波斯陆军，虽然兵败，但为希腊海军的集结赢得了时间。波斯人攻入了雅典，将全城焚毁，但希腊海军在萨拉米海战中一举击溃波斯海军，波斯人面临补给被切断的危险，不得不撤退。希腊人乘胜追击，解放了小亚细亚的希腊诸邦。第

↑ 古希腊建筑

二次希波战争以希腊的胜利告终。

希波战争以后，雅典成为希腊的霸主。雅典海军是希腊各城邦中最强大的军事力量，雅典的民主制也在伯利克里执政时期达到黄金时代。希波战争中，希腊各城邦建立了以雅典为首的提洛同盟，战后逐渐成为雅典实现其霸权的工具。以斯巴达为首的伯罗奔尼撒同盟不满雅典的霸权，双方爆发多次摩擦。公元前431年，斯巴达的同盟底比斯进攻雅典的同盟普拉提，正式引发了伯罗奔尼撒战争。雅典依靠其强大的海军进行封锁，斯巴达则攻入雅典，试图迫其决战。双方互有胜负，但都未能取得决定性胜利，遂于公元前421年缔结和约。和平未能维持很久，公元前415年，雅典对西西里岛斯巴达的盟邦叙拉古发动大规模远征，结果以惨败告终。西西里远征使雅典元气大伤，无力抵御斯巴达的攻势。

公元前405年，雅典海军被全歼。次年，雅典向斯巴达投降，斯巴达成了希腊的新霸主。斯巴达的霸权也未能长久，希腊各城邦陷入混战之中。

马其顿位于希腊的北部，处于希腊文明的边缘，被希腊人视为蛮族。但从公元前4世纪起，马其顿逐渐成为希腊北部的重要国家。公元前395年，菲利普二世即位。在菲利普的治下，马其顿成为巴尔干地区首屈一指的军事强国。面对马其顿的崛起，希腊建立了以雅典为首的反马其顿同盟。公元前338年，马其顿在喀罗尼亚大败希腊联军，取得了对整个希腊的控制权。公元前336年，菲利普遇刺身亡，其子亚历山大即位。亚历山大即位后很快就平定了希腊城邦的起义，巩固了政权。

公元前334年，亚历山大率大军渡海东征，拉开了他征服世界的序幕。亚历山大最大的敌人是强大的波斯帝国。亚历山大先后在格拉尼卡斯河和伊苏斯击败波斯军队，从波斯人手中夺取了叙利亚和埃及。波斯国王大流士三世试图求和，但被雄心勃勃的亚历山大拒绝。公元前331年，亚历山大和大流士三世之间具有决定性意义的高加米拉战役爆发。亚历山大再一次取得了胜利，并乘势攻下巴比伦，波斯帝国灭亡。亚历山大继续东进，直到印度河流域方才折返。公元前323年，亚历山大病死，他庞大的帝国也随之分裂，古希腊历史结束，希腊化时代开始。

希腊民族是一个敢于思考、敢于挑战、敢于实践的民族。尽管一些最值得赞美的作品已不复存在，但细心地研究残存的建筑、雕刻和瓶画，还是能够洞察希腊艺术成就的辉煌。帕特农神庙是希腊建筑的杰作，是人们征服自然的象征。它的各个部分都有一种持久的平衡，并不因为赖以支撑的陶立克柱故意造成的长短不一而倾覆，它舒展、伸张、挺立、强壮，与文雅相和谐。

希腊人崇尚人体美，为万能的神和奥林匹斯运动会上的佼佼者塑像。他们欣赏男人的阳刚强健，推崇女子的婀娜妩媚。"掷铁饼者"向后抡起的手臂和屈膝扭转的态势永远让人感到一股势不可挡的强力，米洛斯的维纳斯优美的"S"型的站姿和残缺的手臂令人遐想无穷。红与黑的搭配产生出稳重、高雅的视觉效果，希腊人以它们作为烧陶的釉色，用千变万化的几何图形和行云流水般的线条在瓶瓶罐罐上讲述动人的传说：有马拉战车在驰骋疆场；有奥德赛艰辛的回乡旅程；还有大海深处女妖塞壬诱人的歌声。

马克思高度评价希腊的艺术不但能给后人以精神上的享受，而且"就某方面说还是一种规范和高不可及的范本"。岁月可以流逝，权力可以更替，但希腊人所创造的文明却如永恒的圣火永不磨灭。

文化古迹寻真

"比萨古船"沉没之谜

长久以来，意大利的比萨城以其斜塔闻名于世，现在，这座小城又因"比萨古船"的考古发现而声名大噪。1998年2月，比萨斜塔以南正在进行铁路延伸工程。因为这一带经常出土文物，所有新的建筑工地上都必须有一位考古学家进行现场监督。现在，这个任务落在女考古学家伊林娜·罗西身上。但是她并不知道自己脚下埋藏着何等重大的秘密。泥土中的一块木头引起了她的注意。正常情况下，木头腐烂得很迅速，所以几乎不会在很深的地下保留下来。因此伊林娜·罗西知道它很重要。

这个偶然的发现使投资上千万英镑的建筑工程完全停了下来。伊林娜挖掘了两天，竟然挖出一艘近2000年前的古罗马船只。由于木船保存完好，古代造船工人留下的工具整修痕迹清晰可见。

就在几米开外，伊林娜与她的同事发现了另一艘古船遗迹。它的货物还原封未动，船员的鞋子就在附近出土。令人惊讶的是，这两艘船仅仅才是故事的开始。

几天后，他们又看到了第三艘船、第四艘船，这种发现一天天多了起来。三号古船的缆绳与索具仍奇迹般地保留在原处。四号古船有18

米长,已经翻了个。后来几乎每天都能挖出一艘"新的"古船。到最后总数竟达17艘。这是数量最大的一次古船遗迹出土,但这些古船的来源还是个谜。

这些船只一见天日,人们马上就提出了古船为什么会出现在这里的疑问。要知道,出土地点到大海的最近距离是11公里。但是没有人对此作出解释。为什么有这么多的船只在相同地点沉没?是否有大灾难袭击这些船只?

今日的比萨是意大利共和国的一座小城,从古罗马时代以来,意大利的海岸线就一直在改变。现在海岸线距比萨有11公里。今天比萨的水路只剩下一条已经无法通航的亚度河。

经过几个星期的挖掘,考古学家把注意力放在一艘船上。这艘船的年代约为公元前1世纪,大约是恺撒时期。船身的长度有9米,有公共汽车般大小,侧舷有12个水手的座位,船上还有1面纵帆。考古学家从来没有见过这样的文物:古船的船头上有用来攻击其他船只的撞角,靠12个水手划桨和一面风帆提供动力。

在17艘各类船只中,有一艘是货船。货船上有一个水手的遗骸,身旁是他忠实的狗。除了水手的物品外,这艘船至少还携带了300只双耳陶瓶。那是古代罗马人的储藏罐。古船上的货品距今已有2000年的历史,人们可以借此了解古罗马帝国的进口贸易。

考古学家使用X光对船上货物进行了分析。分析表明陶罐中装有酒类、樱桃干和葡萄。但最令人惊奇的是一个装有沙粒的罐子,里面的沙粒都是经过人工挑选的。这些沙子来自南方,来自800公里以外的坎帕尼亚。也许就像某些人所说的,这是建筑竞技场所需的优质沙粒,用来吸干那些为生命而战的角斗士的鲜血。

在六个月的挖掘中，大量的古物又被发现。其中有精致的陶器，上面还绘有神话人物的图形。这真是一把开启历史之门的钥匙。这些迦太基女神的半身塑像表明古罗马人与其最憎恨的敌国有商业上的往来。

考古学家又发现一艘货船，里面有用动物骨头制成的"诺亚方舟"。他们找来古动物学家克劳迪奥·塞伦帝诺进行研究。克劳迪奥·塞伦帝诺从骨头上的痕迹判断出它曾经被煮食过——也许作为水手的午餐。还有一项稀有的发现，这艘船上有400只猪前腿，确切地讲，是400头猪的右前腿。很明显地，猪因为向左侧躺着睡觉而使其右边的肉肥嫩味美。这些猪腿很可能来自西班牙，在那里猪右腿被制成盐渍或熏制的火腿。这也解释了为什么古船上只有猪的右前腿而没有左腿。

最奇特的发现莫过于一颗狮子的牙齿。这只狮子大概来自非洲，要被送往竞技场去参加斗狮子比赛。考古学家相信狮子身体的其他部位还应该埋在地下。每一个新发现都改变着人们对比萨的印象——那里应该是罗马帝国的大港口。

正当考古学家挖掘这一遗址时，他们又发现了有力的证据来支持这个论断。在距大海11公里的地下发现了古老港口的防波堤和码头。两千年前，水手们从这里卸下进口的火腿和美酒，还有要运往竞技场的沙子和石子。

究竟是什么力量使船只沉没，什么力量堵塞了沟渠、掩埋了港口？考古学家测定出船只的年代后，第一条线索出现了。这些船只并非出现于同一时代，它们前后跨越了800年的时间。这些古船必然是被一连串的灾难所摧毁。比萨那800年的历史就是不断被淹没的历史。每次水灾都极其猛烈而且携来大量泥沙。泥沙淤积后，海岸线被退至几百米外。连续的水患把海岸线越推越远，致使城市与海洋的距离达到了 11 公里。

　　古代比萨人民建设了港口，但它被洪水带来的泥浆淹没。他们重建港口，新的洪水再次将它摧毁。这样的重复持续了 800 年，直到比萨人民征服了洪水猛兽。但港口永远消失了。盛极必衰是古比萨的悲剧。

　　水灾使最重要的一批古船遗迹保存下来，这个非凡的考古遗址将给世人带来无尽的想象。

传说中的诺亚方舟在哪里

诺亚方舟是出自圣经《创世记》中的一个引人入胜的传说。由于偷吃禁果，亚当和夏娃被逐出伊甸园。亚当活了930岁，他和夏娃的子女无数，他们的后代子孙传宗接代，越来越多，逐渐遍布整个大地。此后，该隐诛弟，揭开了人类互相残杀的序幕。人类打着原罪的烙印，上帝诅咒了土地，人们不得不付出艰辛的劳动才能果腹，因此怨恨与恶念日增。人们无休止地相互厮杀、争斗、掠夺，人世间的暴力和罪恶简直到了无以复加的地步。

上帝看到了这一切，他非常后悔造了人，对人类犯下的罪孽心里十分忧伤。上帝说："我要将所造的人和走兽并昆虫以及空中的飞鸟都从地上消灭。"但是他又舍不得把他的造物全部毁掉，他希望新一代的人和动物能够比较听话，悔过自新，建立一个理想的世界。

在罪孽深重的人群中，只有诺亚在上帝眼前蒙恩。上帝认为他是一个义人，很守本分；他的三个儿子在父亲的严格教育下也没有误入歧途。诺亚也常告诫周围的人们，应该赶快停止作恶，从充满罪恶的生活中摆脱出来。但人们对他的话都不以为然，继续我行我素，一味地作恶享乐。

上帝选中了诺亚一家：诺亚夫妇、三个儿子及其媳妇，作为新一代人类的种子保存下来。上帝告诉他们七天之后就要实施大毁灭,要他们用歌斐木造一只方舟,分一间一间地造,里外抹上松香。这只方舟要长300肘、宽50肘、高30肘。方舟上边要留有透光的窗户,旁边要开一道门。方舟要分上中下三层。他们立即照办。

上帝看到方舟造好了,就说:"看哪,我要使洪水在地上泛滥,毁灭天下,凡地上有血肉、有气息的活物无一不死。我却要与你立约,你同你的妻子、儿子、儿媳都要进入方舟。凡洁净的畜类,你要带七公七母;不洁净的畜类,你要带一公一母;空中的飞鸟也要带七公七母,这些都可以留种,将来在地上生殖。"

2月17日那天,诺亚600岁生辰,海洋的泉源都裂开了,巨大的水柱从地下喷射而出;天上的窗户都敞开了,大雨日夜不停,降了整整40天。水无处可流,迅速地上涨,比最高的山巅都要高出15肘。凡是在旱地上靠肺呼吸的动物都死了,只留下方舟里人和动物的种子安然无恙。方舟载着上帝的厚望漂泊在无边无际的汪洋上。

上帝顾念诺亚和方舟中的飞禽走兽,便下令止雨兴风,风吹着水,水势渐渐消退。诺亚方舟停靠在亚拉腊山边。又过了几十天,诺亚打开方舟的窗户,放出一只乌鸦去探听消息,但乌鸦一去不回。诺亚又把一只鸽子放出去,要它去看看地上的水退了没有。由于遍地是水,鸽子找不到落脚之处,又飞回方舟。七天之后,诺亚又把鸽子放出去,黄昏时分,鸽子飞回来了,嘴里衔着橄榄叶,很明显是从树上啄下来的。再过7天,诺亚又放出鸽子,这次鸽子不再回来了。诺亚601岁那年的1月1日,地上的水都退干了。诺亚开门观望,地上的水退净了。到2月27日,大地全干了。于是,上帝对诺亚说:"你和妻儿媳妇可以出舟了。你要把和你同在舟里的所有飞鸟,动物和一切爬行生物都带出来,让它们在地

文化古迹寻真

↑ 诺亚方舟想象图

上繁衍滋长吧。"于是,诺亚全家和方舟里的其他所有生物,都按着种类出来了。后世的人们就用鸽子和橄榄枝来象征和平。

这就是"诺亚方舟"故事的由来,虽然是个传说,但由于《圣经》中记载的很多事情都被证实是真实的,譬如,在一次战争中,一位军官根据《圣经》中的记载,成功地找到了大山里的一条秘密小道,并通过这条小道突然出现在敌人面前,取得巨大胜利。如果能证明"诺亚方舟"也是真实的,那么这个发现肯定将在全世界引起轰动。所以,很多年以来,许多国家的圣经考古学家都希望揭开这个千古之谜。

由《圣经》的记载来推算,方舟是一只排水量43000吨的巨大木箱。按《创世记》第八章所载,1675年所绘的诺亚方舟最后停靠在土耳其东部的亚拉腊山上。过去虽有不少方舟被发现的传言出现,但都仅止于传言。

近年来,有一种说法,认为方舟搁浅在亚拉腊山脉面向黑海的一个山坡上,而且很可能因为黑海水位暴涨而沉入黑海海底,这个说法引起了美国深海探险家罗伯特·巴拉德博士的高度兴趣,他在接受媒体采访表示,"诺亚方舟"的故事从小就深深地吸引了他,特别是他在深海探

127

险方面取得一定成就后，只要一提起方舟，就激动不已。他希望自己有机会探寻方舟的下落。所以当听说"方舟可能沉入黑海海底"这个大胆的推测后，他决定亲自到黑海去探个究竟。

巴拉德曾在地中海海底找到古罗马帝国和腓尼基的船只，假如他能在黑海底寻获方舟，这将会是一件轰动全球、甚至载入史册的重大发现。

在近东和中东一带的古文明，都有关于大洪水的记载，古巴比伦、希腊及罗马也有类似诺亚一家人获救的故事流传，但地质学家从未发现全球性大洪水的证据。有人认为诺亚方舟不过是一项古老的传说，然而科学家最近却根据黑海一带的自然环境推断，当地的确可能发生过毁灭性的大洪水。

科学家推算地球最近一次冰河时期，是在12000年前达到巅峰，那时全球海平面要比现在低很多，而黑海只是一个淡水湖，与地中海间隔着一个天然的堤坝，这个堤坝横跨今天土耳其境内的博斯普鲁斯海峡。

随着各地冰河融解消退，全球海平面跟着升高，而地中海与黑海的水位落差，逐渐被拉大到500米左右。后来，可能是一场大雨或一场地震，使两者间的堤坝垮掉，地中海的海水以200倍于尼加拉瀑布的水量及冲力涌入黑海；两年后，地中海和黑海的水位才达到平衡。

今天，黑海和地中海虽有一个水道相通，但黑海基本上是个封闭的水域，多瑙河、聂伯河及顿河的水不断流入黑海，在它的上层形成一个淡水带，在这个区域内有丰富的渔产和其他生物，黑海下层则是咸水带，这个咸水带不同于一般海洋下层有海流相通，而是呈停滞状态，因而形成了特殊的"无氧"环境。理论上，在这种无氧环境下几乎不可能有生物存在，所以任何物品、沉船甚至人体遗骸一旦下沉到这个水域，就好像被扔进一个真空储物柜一样，永远不会腐烂。按圣经所载，方舟是用"歌斐木"造的，假如方舟最后落到黑海海底，那么它可能完好如初。

1919年，公众终于见到了第一张诺亚方舟的照片：这张照片是由俄国飞行员罗斯科维斯基拍摄的，上面可以隐约看出冰川下一个模糊的暗色斑点。而这以后利用雷达和深层探测器进行的地质考察，却显示这个斑点只是亚拉腊地区岩石共有的一种异常结构。对诺亚方舟的寻找在20世纪80年代末90年代初又重新开始。由于军事档案的解密，美国政府公布了由埃罗斯卫星和U-2间谍飞机拍摄的照片。这些照片显示在3000米高空可隐约看到亚拉腊山俄国一侧山坡终年冰层下的"异物"。但是，这些照片究竟说明了什么呢？

支持诺亚方舟理论的人十分肯定：这就是诺亚方舟。实际上也的确存在着一些奇怪的巧合：这个"异物"距纳瓦拉找到那块木头的地方只有几百米，而那块木头是在位于"阿赫拉峡谷"附近的埃奇米阿津修道院找到的。可是，在地质学家和美国中央情报局看来，这可能是在公元1000年左右爆发过的一个火山口，或者由于终年冰川中一块巨大的冰下滑导致的不正常的积雪堆积。然而这并非是对诺亚方舟存在论的唯一反驳。这些反驳意见中最重要的一点是，这样一场洪水要淹没一座高5000米的山脉是绝对不可能的。但是，认为诺亚方舟停靠在亚拉腊山的人反驳说，大洪水过后，在公元前3000年，一些难以置信的地壳构造运动可能将这个山脉抬高了。

于是亚拉腊山，尤其是西坡的帕罗特冰川、东北坡的阿赫拉峡谷和阿比科二号冰川成为研究人员偏爱的地方。

"失落的天堂"亚特兰蒂斯之谜

1996年,以符·库德里亚夫采夫为首的俄罗斯学者在对照了柏拉图著作《对话集》原文后,提出了最新见解:柏拉图所说"亚特兰蒂斯"实际上指的是欧洲西面的一块大陆,由于这个词与希腊语"岛屿"单词同音,长年累月,一代又一代的翻译,越来越趋简化,最后把亚特兰蒂斯这个词后面还应带上的"陆地"、"半岛"等单词给遗漏了,后人以为这是座岛屿,从而造成了所谓"失落的天堂"的千古之谜。

原来,古希腊伟大哲学家柏拉图的著作中有一段关于神秘的"亚特兰蒂斯"(意指"天堂")的精彩描述:距今1200余年前,地球上存在过一座"亚特兰蒂斯"岛,岛上山水秀丽、物产丰富,10个国家的人民和睦相处,创造了独特、辉煌的民族文化,真可谓名副其实的人间天堂。其中最大的一个国家,大部分人民都住在一个城里,生活得幸福美满,自由自在,亲密和谐——应服从的服从、该统治的统治,一切都恰到好处。全城分五个行政区,黑、白、红三色的建筑物代表着各自不同的市政机构,金顶银墙的寺庙在阳光下闪闪发光,看上去一目了然,井井有条。他们生活、劳动,历经十代王朝,长盛不衰,还曾在君王大西的率领下,一举征服过埃及、北非各国,威震四海,显赫一时。然而因为地震和洪水相继发生,这一后来称之为"大西洲"的富庶岛屿竟在一天一夜中沉落海底,无影无踪。从此,"亚特兰蒂斯"之谜让世人整整猜了2500多年,直到今天都没结束。

人们争论,究竟有没有过这座岛?一些人以为,有关"亚特兰蒂斯"章节,从头到尾通篇皆是柏拉图所杜撰,是他为"理想国"找的实例。但更有一些人不这么看,一如既往地从考古学家发掘出的遗址、文物中为他的描述找根据。于是,一场针对这两篇对话文字本身的考证也没间断过。有人坚持认为:"亚特兰蒂斯"的故事出自柏拉图的先祖克里托之口,他曾按书本,逐字逐句向晚辈们讲述过公元前600—前575年间某日,古希腊著名政治家梭伦与一位埃及辩术士的谈话中提起的此事,并说是他的祖父(也叫克里托)直接听梭伦说起的。

争论的第二个焦点便是失落的"天堂"到底在何方?古代和中世纪不乏饶有兴趣、孜孜以求的探险家、考古者历经坎坷,苦苦寻觅柏拉图所留恋的这座理想岛。有学者提出,该岛存在于大西洋中部,现今的亚速群岛、威德群岛等大概是消失"天堂"的残留地。但也有人提出,此说源于"亚特兰蒂斯"一词与英语"大西洋"相近,误导人们作这样的解释。

1882年,美国学者通过翔实的地貌、人文考证,进一步提出:古埃及和美洲大陆联系紧密,玛雅文明中包含有许多古埃及文化影子,如金字塔、木乃伊等,正是由于当年有这座岛的存在。自1958年有人在巴哈马群岛附近海域发现底部有各种奇怪的规则状石砌物起,欧洲各国探险家、考古学家纷纷前往探究,在海洋深处找到了据说是石墙和台阶类的完整建筑结构物。一时间,亚特兰蒂斯之谜似乎就要大白于天下,但这种假说到了20世纪60年代,很快被海洋学者所否定,他们认为,这

↑ "失落的天堂"亚特兰蒂斯

里只是一片沉没的高地,是北极冰川溶化后各海洋水位普遍提高而形成,需要花费不少时间,显然与柏拉图关于灾难的描述不相符——《对话集》说的是"亚特兰蒂斯和雅典发生战争之后,有过洪水、地震,一天一夜便沉没了"。

自17世纪末美国学者多尼尔发表专著《绝迹的世界》至今,就"亚特兰蒂斯"地址发表看法的书籍,据统计,不下数千种。除了上述意见外,一直立住脚的观点是:"天堂"位于地中海的克里特岛附近,柏拉图所指的"海克力斯之柱"的对面,即今天的直布罗陀海峡以西,古希腊人称从雅典到克里特岛的一段地方为山崖。欧洲大部分学者认为,现存的克里特岛,曾是欧洲文明的发祥地,万商云集,近悦远来,一派欣欣向荣景象,经历了500年的辉煌后,意想不到的天灾毁灭了一切。今天的克里特岛只是"亚特兰蒂斯岛"的残存部分。20世纪70年代,法国学者提出疑问:若真是这样,我们将"亚特兰蒂斯岛"消失的时间和考古学家确定的米诺斯文明衰落的日期相对照,会发现,该岛沉没和梭伦与埃及辩术士谈话的这段时间竟缩短了10倍,错误的产生莫非是古埃及文100和1000书写时十分相近之故?谁也说不清。

其实,柏拉图在描述"亚特兰蒂斯"主要城市时,根本未写岛屿特征,文章中有这样的字句:"我向你们介绍完了这座城市的组织结构,下面该来谈谈它的自然图景:整个城市高高矗立于海平面之上,朝海的斜坡十分陡峭,一直延伸到远远的海边,无穷无尽……城市建在一马平川之地,长3000斯塔季,宽2000斯塔季(一个斯塔季相当于174～230米)……"这些话十分符合欧洲大陆西部,大致在大不列颠岛和今天的法国西北之间的区域,原来连成片的大陆,突如其来的地震、洪水使其昼夜之间沉落于海。今天的航海图在该处有标注:离海面57米处有巨礁,深度150～180米,呈台阶状,其结构类似英、法两国海边的石灰岩岩崖。至于为什么柏拉图说,在"海克力斯柱"即直布罗陀海峡对面,他们的解释是希腊语OPPOSITE的含义,既可理解为"对面"也可用作"另一面"。柏拉图并非指具体方向,只不过是翻译者的主观臆断而已。另外,柏拉图在全篇只字未提"岛上居民"。

柏拉图的"天堂"之谜,看来要在21世纪继续延续下去了,它的破译恐怕得取决于科学技术的进一步发达,取决于水下考古、宇航摄影等先进设备来进一步验证人类所做过的种种探究了。

玛雅人神秘的天文历法

玛雅人的天文台常常是一组建筑群,从中心金字塔的观测点往庙宇的东面望去,就是春分、秋分的日出方向;往东北方向庙宇望去,就是夏至的日出方向;往东面的庙宇望去,就是冬至日出的方向等等,像这样的天文台有好几处,最负盛名的是奇钦·伊查天文台。

奇钦·伊查天文台是玛雅文化中唯一的圆形建筑物,一道螺旋形的梯道通向三层平台,顶上有对准各个星座的天窗,从上层北面窗口厚达3米的墙壁所形成的对角线望去,可以看到春分、秋分落日的半圆;而南面窗口的对角线,又正好指着地球的南极和北极。

奇怪的是,他们天文台的观察窗并不对准夜空中最明亮的星星,却对准肉眼根本无法看见的天王星和海王星。我们知道,天王星是1781年,由赫歇尔发现的;海王星是1846年,由柏林天文台发现的,千百年前的玛雅人,是怎么知道它们存在的呢?

他们的历法也是奇特而精确的。他们把一年分成18个月,每月20天,年终再加5天为禁忌日,合为365日之数。

他们测算地球年是365.2420天,现在的准确计算是365.2422天,误差不过0.0002天,也就是说,5000年的误差也不过一天。

↑ 玛雅人神秘的天文历法

他们测算的金星年是 584 天，和现代的测算相比，5000 年内的误差只有 7 秒。

他们还保留着一种特殊的宗教纪年法，每年 13 个月，每月 20 天，称为"卓尔金年"。这种纪年法不是以地球上所观察到的天体运行情况为根据测算出来的。敏感的人们有理由怀疑，这种纪年法来自他们的祖先，而他们的祖先则来自另一个星球。

玛雅人还准确地推演出这几种历法的神秘关系，地球年 365 天，金星年 584 天，隐藏着一个公约数 73。365 除以 73 等于 5，584 除以 73 等于 8；而卓尔金年、地球年、金星年，又隐藏着一个神秘的公倍数，从而推导出这一有名的金星公式：

卓尔金年 260 天 ×146=37960 天

地球年 365 天 ×104=37960 天

金星年 584 天 ×65=37960 天

这就是说，所有的周期将在第 37960 天重合，玛雅人的神话认为，那时，神将回到他们中间来。

神奇消失的示巴王国

据《旧约·列王记》和《历代志》记载,这个王国是存在的在引日约·列王记》第十章和《历代志》第九章中有这样一段记载公元前10世纪中叶,当以色列王国在国王所罗门治理下,国泰民安、兴盛至极的时候,异国君主示巴女王因仰慕所罗门的智慧和声名,在庞大雇从队陪同下带着香料、宝石和黄金,浩浩荡荡地抵达耶路撒冷,拜见以色列国王。她向所罗门表示敬意,献上厚礼,并提出一些难题让对方回答。所罗门机智地作了解答,更使女王羡慕不已。

关于示巴王国及示巴女王的传说还有很多。在埃塞俄比亚流传着这样一种传说:传说所罗门对示巴女王一见钟情,无奈女王却对他无意。后来所罗门设计引诱,逼迫女王与其成婚,所罗门的目的达到了,示巴女王还在婚后生下了一个名叫曼尼里克的儿子。这个儿子随示巴女王去了,长大后,曼尼里克到耶路撒冷拜谒他的父亲,所罗门于是把他封为埃塞俄比亚的第一代皇帝。埃塞俄比亚人深信这个传说是真的,直到这个非洲古国的末代君主——著名的海尔·塞拉西老皇帝在位时,他还以自己是示巴女王和所罗门的嫡传后裔自豪呢!

这些传说看来并非空穴来风,那么示巴王国和示巴女王是否存在呢?

文化古迹寻真

实际上，历史上的确存在这么一个示巴王国。经过考察，人们已初步断定《圣经》中提到的示巴王国位于濒临红海的阿拉伯半岛西面，也就是在现今的阿拉伯也门共和国境内。公元前10世纪，示巴王国兴盛一时，在古代东方的发展史上起过非常积极的影响。

示巴王国的海上交通非常发达它紧靠当时的通商要道红海，这一地理优势使得它与红海相接的以色列、埃及、埃塞俄比亚、苏丹等国家结成了密切的贸易，于是很自然，在产品交换过程中，示巴王国一直处于十分优越和有利的地位

示巴王国有另一个非常有利的地理优势，它可以利用红海的季风与远东和以色列等国进行商业交往。据说，在很早的时候，示巴商人就已经会利用红海的季风之便远洋航行了。每年2—8月海风吹向远东时，他们便加大对这个地区的贸易运输量。等到8月以后海风回吹时，他们又溯红海而上与以色列和埃及交往。长期以来，他们保守着这个季风的秘密，直至公元1世纪时希腊人才发现。示巴的陆路贸易也很发达，阿拉伯半岛和西伯来的广阔地带上都曾经活跃过示巴王国的骆驼商队。

示巴王国的首都是马里卜，这座城市位于阿拉伯也门共和国的东部，现在这个城市依然沿用着古代名称。公元前1世纪，希腊史学家奥多载斯曾经形容过马里卜，说它是一个用宝石、象牙和黄金做艺术品装点起来的城市。马里卜故去的华美、繁荣从中也可窥见一斑了。

从传说中我们还得知，马里卜建有一个规模巨大的蓄水坝。水坝都用大石块铺砌，石块之间密接无缝，这些是示巴人民以高超的建筑和工艺水平建成的。据说，这座水坝对马里卜和周围广大地区人民的生活和生产，起到了防范洪水冲击和提供灌溉系统的良好作用。这座水坝维持供水达12个世纪之久。公元543年，因年久失修而塌陷。

水坝遗址已经被发现了，古老的历史传说因之有了丰富的生命力。人们还在马里卜郊外沙丘上发现了一处设计奇巧的建筑废墟，考古学家们证实它是公元前4世纪所建的"月神庙"，当地人把它称为"比基尔斯后宫"而"比基尔斯"是他们对示巴女王的称呼。

今天人们在埃塞俄比亚也发现了那里有着同也门境内相似的月神建筑遗址，这说明了示巴文化对邻近各国曾有着广泛和重要的影响。

当然，到今天为止，人们仍然只能从传说的点点滴滴中去寻找示巴王国和示巴女王的影子。至于示巴王国是怎么神奇的从地球上消失的，到现在仍然是一个无法解开的谜。

↑ 绘画作品《示巴女王会见所罗门国王》